医疗保险的基本理论和方法研究

尹晓静 王义霞 ◎著

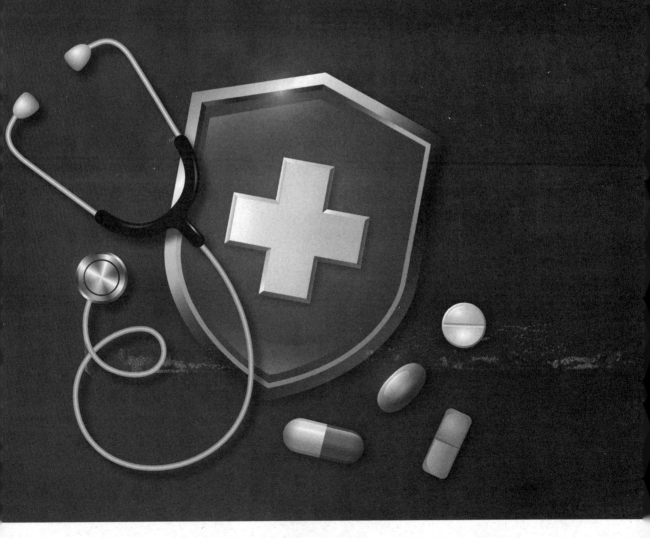

中国出版集团

中译出版社

图书在版编目（CIP）数据

医疗保险的基本理论和方法研究 / 尹晓静，王义霞
著. -- 北京：中译出版社，2024.1
ISBN 978-7-5001-6542-2

Ⅰ.①医… Ⅱ.①尹…②王… Ⅲ.①医疗保险—保
险制度—研究—中国 Ⅳ.①F842.684

中国国家版本馆CIP数据核字（2024）第037865号

医疗保险的基本理论和方法研究

YILIAO BAOXIAN DE JIBEN LILUN HE FANGFA YANJIU

著　　者：尹晓静　王义霞
策划编辑：于　宇
责任编辑：于　宇
文字编辑：华楠楠
营销编辑：马　萱　钟筏童
出版发行：中译出版社
地　　址：北京市西城区新街口外大街 28 号 102 号楼 4 层
电　　话：（010）68002494（编辑部）
邮　　编：100088
电子邮箱：book@ctph.com.cn
网　　址：http://www.ctph.com.cn

印　　刷：北京四海锦诚印刷技术有限公司
经　　销：新华书店
规　　格：787 mm×1092 mm　1/16
印　　张：11.5
字　　数：222 千字
版　　次：2024 年 1 月第 1 版
印　　次：2024 年 1 月第 1 次印刷

ISBN 978-7-5001-6542-2　　定价：68.00 元

前　言

　　医疗保险在社会保障系统中占据着非常重要的地位，直接影响着一个国家的政治结构和经济发展。合理的医疗保障体系能够为劳动者保驾护航，让各要素充分参与到生产建设的全流程，抑制意外事故对生产者造成的风险波动，进而解放和发展生产力。

　　医疗保险制度是维护人民健康、促进社会发展的社会保障制度。改革和完善社会医疗保险制度不仅是我国社会保障体系和卫生保健制度发展的重要组成部分，也是经济体制改革过程中的一个社会热点问题，更是困扰国际卫生保健制度改革的难题。本书是关于医疗保险的书籍，从医疗保险的基础认知介绍入手，针对医疗保险概述、医疗保险系统进行了分析研究；另外对基本医疗保险与经济社会发展的关系、我国基本医疗保险筹资、医疗保险费用的支付方式、中国的全民医保制度、医疗保险费用控制、医疗保险范围与管理做了一定的介绍；还剖析了医疗保险信息系统与评价等内容。本书论述严谨、结构合理、条理清晰、内容丰富，对医疗保险的基本理论和方法研究有一定的借鉴意义。

　　在本书的策划和写作过程中，编者曾参阅了国内外大量有关的文献和资料，从其中得到启示；同时也得到了有关领导、同事、朋友及学生的大力支持与帮助，在此一并致以衷心的感谢。本书的选材和写作还有一些不尽如人意的地方，加上编者学识水平和时间所限，书中难免存在缺点和不足，敬请同行专家及读者指正，以便进一步完善提高。

著　者

2024 年 1 月

目　录

第一章 医疗保险的基础认知

第一节 医疗保险概述

一、医疗保险的定义

医疗保险的定义目前国内外学术界尚无统一的定论，对医疗保险概念的提法、表述及内容存在着不同的认识。当站在不同的角度对它进行解释时，就会有不同的观点。

从字面上看，医疗保险是保险的一种，即为补偿因疾病带来的医疗费用的保险。一般医疗保险可包括两大类，即社会医疗保险和商业医疗保险。

从社会保障的角度来看，保证公民获得必要医疗服务的保障制度，称作医疗保障制度。这种保障制度的形式有多种，医疗保险仅为其中的一种。因而，不能把医疗保障制度同医疗保险制度混为一谈。

从医疗保险所保障的范围的大小来看，可分为广义的健康保险和狭义的医疗保险。显然健康保险所包含的内容要比医疗保险广，国外国家健康保险不仅包括补偿由于疾病给人们带来的直接经济损失（医疗费用），也包括补偿疾病带来的间接经济损失（如误工工资），对分娩、残疾、死亡也给予经济补偿，以至支持疾病预防、健康维护等。因此，这是一种广义的医疗保险。

狭义的医疗保险按其字面的含义，是指医疗费用保险，英文用"Medical Insurance"表达。需要说明的是广义的概念和狭义的概念之间并无严格界限，只是保险范围和程度的差异。这也正是有些人认为医疗保险就是健康保险的原因所在，我国以往和现行的职工医疗保障制度表面上看只支付医疗费用，但实际上通过某种制度也补偿了由疾病引起的误工等费用。我国即将建立的社会医疗保险制度，从发展来看，在保险范围上会不断完善和扩大，成为一种广义的医疗保险，即健康保险。

因此这里的医疗保险是指以社会保险形式建立的，以公民提供疾病所需医疗费用资助的一种保险制度。具体来讲，医疗保险是通过国家立法，由国家、单位、个人集资建立医疗保险基金，当个人因病获得符合保险范围的必需的医疗服务时，由社会医疗保险机构提供医疗费用补偿的一种社会医疗保险制度。

二、医疗保险分类

按照国际上通行的划分，将社会保险分为老年、伤残和遗嘱保险，生育、疾病（包括医疗）保险，工伤保险以及失业（待业）保险四大类。也有的国家将生育、疾病保险与医疗保险分开，划分为五类保险。然而，就医疗及健康保险本身来说，从不同的角度可进行不同的分类。

（一）社会基本医疗保险和补充医疗保险

如前所述，社会基本医疗保险是由社会医疗保险机构提供个人因病获得符合保险范围的必需的医疗服务而进行医疗费用补偿的一种社会医疗保险制度；补充医疗保险则是社会基本医疗保险范围以外的医疗保险，两者在性质、范围、内容和管理等方面有很大的区别。

（二）社会医疗保险与商业性的人身保险中的疾病保险

随着社会保险业务的不断扩大，在财产物资保险的同时，逐渐出现了一种以人的生命和身体为保险对象的人身保险。所谓人身保险是以人的寿命和身体为保险标的的一类保险，指当投保人交付保险费后，被保险人在保险有效期内因疾病或意外事故而伤残、死亡；或保险期满时，保险机构按约给付保险金的一种保险。人身保险一般可分为人寿保险、健康保险（疾病保险）、伤害保险等险种。人身保险也具有互助共济、分担风险的功能，具有为社会成员提供经济生活保障、维持社会安定的作用。人身保险多由保险公司经营，属商业性保险。

人身保险中的健康保险（有的亦称疾病保险）是商业性的医疗保险，是被保险人在投保后，在保险期内因疾病、生育或身体受到伤害时，由保险人负责给付保险金的一种保险。而社会医疗保险，则是当劳动者因患病、生育或身体遭到伤害时，社会对其所需的医疗费用提供的物质帮助，是属于社会保险范畴的医疗社会保险。两者之间的主要区别如下。

1. 保险的性质不同

社会医疗保险是由国家通过立法实施的社会保障制度，是人民的权利，是政府的责任，其直接目的是贯彻国家的社会政策，保障人民健康。商业性健康保险或疾病保险则由保险公司经营，客观上虽然具有社会保障的作用，但保险公司是独立核算、自负盈亏的企业单位，必然考虑盈利问题，其机构与人员的管理费用也须由投保人负担。资本主义国家中的商业性健康保险多为资本家经营的企业，必然以获取利润为其直接的目的。

2. 保险对象不同

社会医疗保险是以劳动者为对象，凡是法律规定应投保的人必须一律参加，有一定的强制性；而商业性医疗保险则以个人自愿参加为原则，参加与否以及险种的选择，完全由个人自由选择决定。

3. 保险关系不同

社会医疗保险，保险人与被保险人之间以法律为根据建立保险关系；而商业性健康保险的保险人与被保险人之间则是根据保险合同确定双方的权利与义务，两者之间是一种契约关系。

4. 保险费的负担不同

现在大多数国家社会医疗保险的费用由国家、企业和个人分担，被保险人负担较轻，具有一定福利性。而商业性健康保险的保险费，则全部由被保险人负担。

5. 保险金的给付及其标准不同

社会医疗保险着眼于"保障"，而商业性医疗保险着眼于"偿还"。前者根据国家法律规定以保障劳动者基本医疗需求为给付标准，一般以伤病的实际情况决定保险金的给付数额。商业性医疗保险保险金的给付完全以投保人所缴保险费的高低为标准，按保险契约规定定额给付，是一种等价交换的关系。

尽管社会医疗保险与商业性疾病保险之间存在着上述种种差别。但两者之间紧密相连，相辅相成，各行其是，各司其职。在社会医疗保险制度不够健全的条件下，商业性疾病保险对于减轻疾病风险、保障人民健康有着重要作用。在实施社会医疗保险、保障人民基本医疗服务需求的同时，商业性疾病保险还可以满足部分劳动者对医疗卫生保健的更高层次的需求。两者相互补充，可以更有利于保障全社会成员的医疗或健康需求。

三、医疗保险的基本特征

医疗保险的基本特征是由疾病风险的特征所决定的。医疗保险具有如下主要特征。

（1）医疗保险的保障标准只能依患者病情而定，不能受到其经济地位、工资待遇不同的限制和影响，保证劳动者患病后就医机会均等。实行医疗保险是当劳动者患病后对其医疗费用提供帮助，使之尽快恢复身体健康。对劳动者来讲，医疗费用的开支属于劳动能力的生产费用或再生产费用，因此，它的支付形式和发放原则有别于其他社会保险。

（2）由于疾病风险具有较大的不可避免性、随机性和不可预知性。人人都可能生病，还可能生大病，而又不可能确知何时生病、生何种病，因此，必须实行强制保险。依照法律规定，凡是应该投保的人，不分男女老幼，一律必须参加医疗保险，以有效分担疾病风险、提高全社会的医疗保障能力。

（3）财产物资的损失可用金钱计算，其损失可以采用定额补偿办法。而医疗保险一般按伤病的实际情况确定补偿金额，而不能采取定额补偿办法。因此医疗保险的支付方式及结算方式更复杂于其他社会保险。

（4）由于医疗保险不仅涉及社会保险机构和被保险人，而且还涉及医疗机构，因此医疗机构的性质、规模及诊疗水平将影响医疗保险制度的建立、完善和管理效率。此外，由于医疗市场是单方的垄断性市场，给医疗保险的有效管理带来了很多新的课题。

值得注意的是，由于医疗保险是按病情进行经济补偿，患者（特别是重病患者）急切治疗以求速愈的心理，易使他们提出过高的医疗要求；同时，医疗服务必须由医院及医务人员直接提供或在其指导下进行，容易造成医疗服务的过度消费，致使医疗费用上涨。如何加强管理控制医疗费用，是当今世界各国医疗保险制度面临的突出问题。

四、医疗保险的意义及其作用

医疗保险是社会保险中最早产生的一个险种。早在 1883 年，德国通过立法在世界上首先实行了医疗保险，对于保障劳动者身体健康、安定工人生活、稳定社会秩序、发展国民经济，产生了明显的效果，为德国后来建立较为完善的社会保险制度和社会保障体系奠定了良好的基础。同时，德国建立医疗保险的做法，引起了欧美各国政府的重视、优先考虑和效法，推动了包括医疗保险在内的社会保险和社会保障制度在全球的普遍建立和不断完善，由此可见，医疗保险是人类社会进步的表现，是一项具有世界意义的有益事业。

医疗保险的意义具体体现在它的作用上。医疗保险属于健康保障，它同良好的医疗服务以及其他有关各项保险相辅相成，发挥着重要的作用。概括起来，主要有如下几个方面。

（1）医疗保险制度的建立促进了改革开放，有利于劳动力的自由流动，对建立社会主义市场经济体制具有重要的积极作用；医疗保险制度的建立和实施，集聚了企业单位和个人的经济力量，加上政府的资助，对患病的劳动者给予物质的帮助，提供基本医疗保障，其社会化程度高，因而有利于劳动力流动，减轻企业社会负担，促进企业体制改革，建立现代企业制度，适应市场经济体制要求。

（2）医疗保险制度作为社会保障制度的主要内容之一，具有激励劳动者积极工作、消除社会不安定因素、稳定社会秩序的作用。

（3）医疗保险制度的建立，可以有效地依靠国家、单位和个人的经济力量，筹集卫生费用，积极发展各类卫生保健事业，加强重大疾病的防治，改善农村医疗卫生条件，这对提高全民健康水平，乃至民族昌盛、国家富强发挥了重要作用。

（4）医疗保险制度的实施，体现了效率优先、兼顾公平的原则，同时，也是一种社会再分配的方式，在一定程度上解决社会分配差别过大的问题。医疗保险，对于劳动者来说，虽然在考虑其劳动状况，如工龄的长短、劳动条件的差异和贡献的大小等时有所差别，但总的说来，它并不与劳动者的劳动数量、劳动质量直接挂钩，保证所有劳动者患病后有均等的就医机会，依据其病情提供基本医疗服务，给予必要的物质帮助，从而有助于合理调节社会分配关系，实现效率与公平的结合和统一。

（5）医疗保险制度的建立与实施，对于培育全民自我保健意识、实行自我积累，增强自我医疗保障能力，控制医疗费用，有效地利用卫生资源，以及提倡适度医疗消费，发扬互助共济精神，乃至促进社会主义精神文明建设，都有着重要作用。

五、医疗保险的特点及功能

（一）社会医疗保险的特点

（1）社会医疗保险的保险事故发生率高，具有普遍性特征。一是社会医疗保险的风险是即时性的而不是延时性的，人们对疾病发生的时间、类型、程度难以准确预测；二是变异性，自然环境和社会环境导致疾病发生的机制复杂；三是疾病因人而异，风险损失的统计和精算难度高。

（2）社会医疗保险在社会保险体系中属于关联性最强的险种。被保险人享受生育保险、养老保险、工作伤害保险以及失业保险时，只要发生疾病、生育、负伤等保险事故都会同时享受社会医疗保险。各项社会保险待遇，除现金补助外，一般都有医疗服务问题。

（3）社会医疗保险费用开支额度难以预测和控制。人通常具有强烈的求生欲，在生重病时会盲目求医，这导致社会医疗保险津贴的费用额度难以控制。

（二）社会医疗保险的功能

社会医疗保险的功能多维、复合并且呈叠加效应。

解决医疗保险市场自身无法解决的逆向选择问题以及贫困者的医疗保障问题。商业医疗保险虽然顺应市场经济的发展要求，但是其本身固有的逆向选择制约了医疗保险市场的有效运行，甚至导致市场失灵。社会医疗保险通过其强制性可以有效克服保险市场的逆向选择问题，增加穷人的福利。

保障国民健康。增加人力资源总体存量，提高人力资源质量，促进劳动力再生产和国家整体发展。良好的健康状况既是加快发展的手段，又是人类发展最根本的目标。

刺激有效需求，增加国民储蓄。随着预期寿命的延长和疾病谱的变化，慢性病患者尤其是老年慢性病患者会越来越多。一方面，人们对医疗保健服务的需求的上升会促进医疗保健行业的发展。加之，医疗保健需求的收入弹性大于1，也就是说，随着收入的增加，人们对医疗保健的需求增加的幅度超过收入增长的幅度，从而带动国民经济的增长。有学者提出，健康产业在21世纪将会成为新的经济增长点。另一方面，人们会因为预期寿命延长而增加储蓄并将其转化为投资，通过乘数效应带动国民收入的增加。

六、医疗保险费用控制相关理论

（一）大数法则与保险

保险是一种损失分摊方法，它将少数成员的偶然损失由全体被保险人分担，其数理基础就是大数法则，又称"大数定律"或"平均法则"。通俗来说，大数定律是指在很多实践情况下，随机现象的大量重复后往往出现几乎必然的规律：风险单位数量越多，实际损失发生的结果会越接近从无限单位数量得出的预期损失可能的结果。据此，保险人就可以比较精确地预测风险发生概率，合理地确定保险费率，使在保险期限内收取的保险费与损失赔偿及其他费用开支相平衡。全世界绝大多数国家的社会保障制度均遵循"大数法则"建立，筹资范围涵盖全部或绝大多数劳动者，建立共筹基金，在参保人员因故暂时或永久失去劳动能力需要保障时提供相应经济补偿，只有扩大社会保障的覆盖面，真正做到"大数"，在小波动范围内才能保证弥补少数人罹患疾病时发生的个人损失。如果覆盖面过窄，则无法很好地达到医疗保险互助共济的效果，无法依靠大数定律做有关风险管理，会造成社会医疗保险基金一定程度上的浪费，所以，无论从公平还是效率的角度看，都应该进一步扩大医疗保险的覆盖面。

（二）医疗保险需求及供给理论

医疗保险的需求是指在一定时期内、一定价格水平上消费者有意愿且有能力购买的医疗保障的总量，即对医疗保险机构在一定价格下所提供的经济保障的需求量。医疗保险的供给是指在一定时期内、一定价格水平上医疗保险机构有意愿且有能力提供的医疗保障的服务量，即参保者一旦患病，就可从医疗保险机构得到一种支付承诺，负担参保人接受医疗服务所花费的部分或全部的医疗费用。

医疗保险的需求与供给主要有两种形式：一是有形的经济保障形式，即医疗保险机构依照医疗保险合同中规定的偿付范围，对发生医疗费用的参保人员给予部分或全部的补偿；二是无形的心理保障形式，即通过参加医疗保险，不但能够减少参保人的经济负担，还能减少参保人的心理压力，从而获得一种安全感。参保者患病就医发生了医疗费用后，可以从医疗保险机构获得部分甚至全部的经济补偿；如果没有患病，经济未有任何损失的同时，更重要的是获得了巨大的心理上的保障。但很多人往往更注重经济保障而忽视了医疗保险带来的心理上的保障，有部分已参加医疗保险的人，在参保期间若没有得到经济补偿，会认为参加医疗保险是浪费钱。

（三）博弈论

博弈论是研究分析决策主体的行为能够直接相互作用时的决策过程以及决策结果的一种方法。博弈论以参与人理性、追求效用最大化为假设前提，通过参与人共同选择的结果，达到一种均衡状态，并利用这种均衡，对社会现象进行分析和预测。博弈分析的目的主要有两个：对于博弈参与方，分析的目的一般是通过分析其他参与人所掌握的信息和策略来预测其行动，进而采取相应的行动以使自身的效用最大化；对于规则制定者，比如政府或其他政策制定机构，博弈分析的目的则主要是通过博弈过程分析，制定合理的博弈规则，从而避免道德风险、利益侵占、恶性竞争、贫富悬殊等问题，合理实现效率与公平的目标，即机制设计。对于医疗保险系统中的各方博弈中，一方的决策往往会导致其他各方采取相应的行动以使自身的效用最大化。因此，在医疗保险体系中，无论是作为规则制定者的政府或有关部门，还是作为规则执行者的医疗保险机构、定点医疗机构，都有必要通过分析其他各方的信息、行为策略，从而使自身的效用达到最大化，这些都要借助博弈论的理论和方法。

（四）控制论

控制论认为，控制是带有目的性的因果动力联系，即产生原因的系统对产生结果的系统有目的性的影响干预。其中产生原因的系统被称为施控系统，即控制主体；产生结果的系统被称为受控系统，即被控制对象。控制论学者列尔涅尔曾指出："控制是为了改善某个或某些对象的功能或发展，需要获得并使用信息，以这种信息为基础选出的加于该对象上的作用。"医疗保险费用控制是控制论在医疗保险领域的探索和实践，既具有社会控制论的特征，又包含经济控制论的信息。社会医疗保险系统内，经办机构是医疗保险系统运营的主体，也是医疗保险费用的控制主体；定点医疗服务系统是医疗保险实施情况的具体反映，即医疗保险费用的受控系统。它们两者是一个矛盾的共同体，共存于医疗保险制度建立和发展的历程中，既相互矛盾，又密不可分。在医疗保险费用控制中，控制作为一种手段，贯穿于支出管理的全过程，是费用支出管理的重要组成，通常通过对费用的合理化控制，来规范参保人员和定点医药单位双方的医疗行为。控制的目的是为了最大限度地实现医疗保险保障基本医疗的宗旨，维护参保人员的基本权益。

第二节　医疗保险系统

一、医疗保险系统概述

（一）医疗保险系统的含义

"系统"这一词汇，由于人们理解和使用的范围不同，其含义往往不同。一般而言，系统是指出相互作用和相互依存的若干要素所组合而成的，具有特定功能并处于一定环境之中的有机集合体。在人类社会中存在着若干系统，医疗保险系统就是社会经济系统中一个极小的子系统。用系统的观点来分析影响医疗保险活动过程的各个方面及相互的联系，是认识、建立和发展医疗保险的基础和前提。

医疗保险系统（Medical Insurance System）是指一个以维持医疗保险的正常运转和科学管理为目的的，主要由医疗保险组织机构、参保人群、医疗服务的提供者和有关政府部门构成的，以筹集规范医疗保险费用、提供医疗服务、支付医疗费用为功能的有机整体。

（二）医疗保险系统的构成与各方关系

1. 医疗保险系统的构成

医疗保险系统的形成是一个由简单到复杂的过程，在医疗保险系统的形成过程中，医疗保险系统中的各方（医疗服务的需方与供方和医疗保险的需方与供方）相互影响、相互作用，使医疗保险系统中供需之间的关系由简单到复杂，医疗保险体系也逐渐趋于完善。

最初医疗保险的形成有两种动因，而在不同动因下所形成的医疗保险系统又具有自身的特点，成为目前各国不同医疗保险系统及各系统中相应医疗保险模式的基础。

（1）基于医疗服务提供者的医疗保险系统

20世纪初，美国的经济大萧条导致医疗服务需求量明显下降，医疗服务提供者的经济利益受到了严重影响。一些医生或医疗机构为了保证自己的收入采取了预付方法，即向特定人群预先收取一定的医疗费，被保险人患病后，可以获得免费或部分免费的医疗服务。这类保险的形成动因来自医疗服务提供者，经济利益促使他们为自身利益而采取这种具有医疗保险性质的行为。在这个系统中，医院既是医疗服务的提供方，也是医疗保险的提供方，而医疗服务和医疗保险的需求方均为被保险者。保险人与被保险人之间是一种直接的双向经济关系，只不过保险人提供的不是货币赔偿，而是一种服务赔偿。

（2）基于医疗服务消费者的医疗保险系统

这类保险是由消费者（往往是一个行业的劳动者）组成的一种具有合作性质的组织。由参加该组织的成员出资建立基金，为患病的成员在医疗费上提供帮助。在这个系统中，被保险人既是医疗服务的需求方，也是医疗保险的需求方，而医疗保险机构与医疗服务提供方没有直接的经济关系，而是通过被保险人发生间接联系，即被保险人从医疗机构获得所需的医疗服务，并向医疗机构支付相应的费用，然后从其缴纳医疗保险费的保险机构获得一定的补偿。目前，在我国的商业医疗保险系统中各方之间就是这样一种关系。

随着医学的发展，医疗活动也日益复杂，医疗费用不断上涨，这和医疗服务供给方有密切的联系。由于医疗消费的特殊性和医疗信息的不对称性，供方能主导需方消费，医疗消费的质和量主要是由医疗服务供方决定的，也就是供方的行为，将直接影响医疗费用的高低。因此，单纯靠保险人和被保险人之间的联系来抵抗疾病风险是很困难的，甚至是不可能的。解决问题最简单的办法就是把医疗服务供给方的行为纳入保险方的控制范围，使他们的利益全都联系在一起。这样就出现了由保险方向供给方，通过一定形式，支付被保险人的医疗费用，而不是由被保险人直接向供方付费，即所谓第三方付费。由此形成了一种三角关系的医疗保险系统，可以说是当今各种主要医疗保险形式的基础结构。

现代医疗保险组织系统的一个显著特点是实行政府干预。相对于其他行业而言，医疗保险作为医疗卫生事业正常运转的经费保障系统必然要受到政府更加深入、更加直接的干预。政府是以经济、法律、行政等手段卷入医疗保险系统之中的。在医疗保险的组织系统中，政府实际上处于医疗保险其他三方关系之上的领导地位，起着一个宏观调控的作用，这就形成了一种由保险方、被保险方、服务方和政府组成的立体的三角四方关系。

2. 医疗保险系统中的各方关系

现代医疗保险系统中四个基本的构成要素，各有各的功能和特点，是密切关联、相辅相成的，任何一方变化，都会对整体产生影响，联系医疗保险系统的基本因素是医疗费用的补偿问题，因此，系统中各方关系实质上是一种经济关系，表现在四个方面。

（1）医疗保险机构与被保险人的关系

医疗保险方与被保险方之间是一种医疗保险服务供给与消费的关系。两者的联系主要表现在保险费的收取、组织医疗服务、给付医疗费用等。影响这一关系的主要因素取决于被保险方的参保方式、保费高低、保险方的费用补偿方式等。

（2）被保险方与医疗服务供方

其主要表现为提供服务、接受服务与支付服务费用等，影响两者联系的主要是被保险人选择服务的自由度，需要支付的服务费用和医疗服务供方的服务水平。

（3）医疗保险机构与医疗服务供方

医疗保险机构为了达到控制费用的目的，往往采取一些措施来约束医疗服务提供者的行为，并作为付款人通过一定的支付形式向医疗服务提供者支付被保险人医疗费用。支付环节将医疗保险提供者和医疗服务提供者直接联系起来，成为两者发生经济关系的纽带，它使医疗服务系统中原有的医患双方之间直接的经济关系消失或退居次要地位，而医疗保险提供方和医疗服务提供方之间的经济关系上升到主导地位，因而医疗保险方将医疗费用的支付作为调节医疗服务消费者和提供者之间经济关系的手段适宜的支付方式，将会对医疗服务的合理提供及医疗资源的合理配置产生重大影响。

因此，两者的关系主要表现为医疗保险机构确定医疗服务范围、支付医疗费用及监控医疗服务质量，影响两者联系的主要因素是医疗服务供方服务范围的大小、项目的多少和保险方的支付方式。

（4）政府与医疗保险系统其他三方的关系

政府与医疗保险系统其他三方的关系主要表现为政府对医疗保险组织机构、参保人、医疗服务提供者的管理与控制。影响这一关系的主要因素是政府管理和控制医疗保险的政策方式及程度等。

实行社会医疗保险的目的正是为了保障参保人的基本医疗，同时通过第三方付费的方式，由医疗保险机构监控医疗服务提供者的行为，使其合理用药、合理施治，将医药费控制在合理的范围内。社会医疗保险"广覆盖、保基本"的原则注定了这是一项强制性的社会经济制度，要实行社会化管理，政府在其中的职责和作用是不言而喻的，明确各方的关系、责任和义务，规范各方的行为，对社会医疗保险的运行将起到重要的作用。

（三）医疗保险系统与社会其他系统的联系

用系统的观点考察，医疗保险系统是社会经济系统中的子系统，它必然与其他社会系统发生一定的联系，其中与两个子系统的关系最为密切，一个是医疗卫生系统，另一个是社会保障系统。

1. 与医疗卫生系统的联系

医疗卫生系统是为社会人群提供预防、保健、医疗、康复等卫生服务，保护人民健康的社会子系统。社会医疗保险的特点表现为第三方付费，也就是将医疗服务提供者和患者之间双向的经济关系变成了由医疗保险机构介入的三角关系，由医疗保险机构代替患者对医疗服务提供者进行费用补偿。因此，医疗保险可以看作是医疗卫生系统的经费保障子系统，是医疗卫生工作中的一部分。特别是当社会医疗保险处于国家集中统一计划管理的情况下，卫生服务的提供和服务费用的补偿就完全融合于一个系统之中。因此，医疗保险系统与医疗卫生系统密切关联，医疗保险系统中不可缺少医疗服务的提供方，医疗卫生系统也不可没有医疗保险的财力支持、费用偿付。

医疗保险系统与医疗卫生系统虽互有重叠，但是，又有相对的独立性。一方面，两个系统在工作内容上有相互独立、不可替代的部分。在医疗保险系统中，除了和卫生服务打交道，还包括医疗保险资金的筹集、管理和运用等，这是医疗保险系统具有的金融保险行业的特点。在医疗卫生系统中，除了提供医疗服务外，还包括卫生防疫、妇幼保健等多方面内容，其经费来源除了医疗保险外，还包括国家财政投入、社会筹资和个人出资。另一方面，在实际运营过程中，为了造成一定的竞争态势，以提高医疗保险系统和医疗卫生系统的效率，达到相互监督、互相制衡的目的，以维护医疗市场的效率和公平，也常常需要两个系统相对独立运行。这在实行社会医疗保险的大多数国家中是一种普遍的做法。因此，医疗保险系统与医疗卫生系统既有相互重叠的部分又有相对独立性，这同时也是医疗保险运行中较难处理的一个问题。

2. 与社会保障系统的联系

社会保障是为解决特定社会问题的产物，它有以下目标：在国家层面，它进行国民收入再分配、保障人民群众的基本生活、实现社会公平与企业生产和劳动力再生产，推进经济体制改革，促进社会安定，是社会经济发展过程中的稳定机制。于个人而言，是维护个人生存、发展和安全的保障机制。社会保障系统包括社会保险、社会救济、社会福利与优抚安置四个子系统，每个子系统发挥着各自的功能，其中核心的是社会保险系统。社会保险又是由医疗保险、养老保险、失业保险等构成，因此，从这个角度出发，医疗保险系统可以看作是社会保障系统中提供医疗服务、维护人民健康的社会子系统。

二、医疗保险组织机构

（一）医疗保险组织机构的概念及地位

1. 医疗保险组织机构的含义

医疗保险组织机构是指在医疗保险工作中，具体负责承办医疗保险费用的筹集、管理和支付等医疗保险业务的机构，即医疗保险系统中的保险方（insurer）。

2. 医疗保险组织机构的地位

医疗保险组织机构在医疗保险系统中处于主导地位，主要体现在两个方面。

（1）医疗保险机构是医疗保险资金的控制者

在医疗保险系统中，医疗保险机构负责资金的筹集、管理和支付，是资金流动的控制者。比较各国社会保障基金的管理机构，大体上可以分为两类：一类是通过各自国家的政府资金管理系统对社会保障基金进行财务管理；另一类是社会保障机构拥有自己的资金管理系统。

（2）医疗保险机构是医疗保险活动的监督和管理者

医疗保险机构对医疗服务的供需双方进行监督和管理，既要保证基本医疗，满足参保人的基本医疗服务的需求，还要对医疗保险资金的使用进行合理的规划和控制，尽可能减少违规行为的发生，保证医疗保险系统正常运转。

（二）医疗保险组织机构的性质与分类

1. 医疗保险组织机构的性质

社会医疗保险机构在行政归属上是人力资源和社会保障部门所属的全民事业性机构，在业务上依据政府颁发的医疗保险法律、法规开展各项医疗保险活动。在我国，它们可以看作是一种事业机构。医疗保险本身是一种社会经济活动，所以又带有经济性质。但它的运营又不同于一般的商业保险公司。医疗保险机构经办的医疗保险定位在社会医疗保险，不同于商业保险的盈利性——要讲求经济效益，社会医疗保险不以盈利为目的，但在它的运营过程中也会产生节余（surplus），这种节余被限制在很小的范围内（如 5%～15%），并且节余部分要投入医疗保险的其他活动中，增强基金的实力。

由于医疗保险作为一种强制实行的社会保险，医疗保险机构就成了国家法规的一种执行机构，代理落实国家有关医疗保险的法规。因此，医疗保险机构不可能像商业保险公司那样有真正意义上的独立自主经营权，表现在经营策略、经营方法、规章制度等方面的自主权都是有限的。从性质上看，医疗保险组织机构是具有一定的独立自主经营权的非营利性医疗保险经办机构。

2. 医疗保险组织机构的分类

（1）政府主导型

这类医疗保险机构的运行，主要是保证政府保险政策目标的落实，基本上按照政府的有关计划和规定行事，没有独立经营的余地，可以看作是政府的派出机构。经营的好坏主要靠行政管理水平的高低，这在各国的医疗保险机构中是少数。

（2）独立经营型

这类医疗保险机构总体上按照国家有关医疗保险的法规办事，接受国家的监督，但在经营上基本独立，有经营决策权，对经营对象有选择权，自负盈亏，可以发展，也可以倒闭。商业性的医疗保险可以划在这一类。

（3）中间型

这在各国的医疗保险机构中占大多数。一方面，它要接受政府的统一规划；另一方面，也有相对的经营自主权，表现在保险范围、保险费率和经营方式方面有一定的自行决策权，居民可以自行选择保险机构，保险机构之间也存在着竞争。这类保险机构既能保持社会公益性，又能体现公平和效率，是一种较合理的形式。

（三）医疗保险组织机构的职能

1. 参与制定有关医疗保险的法规、政策和计划

这是因为医疗保险机构是医疗保险的直接实行部门，最了解情况，掌握第一手信息。因此，当国家要制定有关医疗保险的法规政策时，需要医疗保险机构的参与，甚至是首先由医疗保险机构拿出方案。当国家和地区的总体方案确定后，还需要根据所在地的实际情况进行调整和补充，制订具体的实施计划，这是一种更直接的参与。

2. 筹集医疗保险资金

医疗保险机构要组织符合条件的劳动者积极参加医疗保险，对相关指标要进行预算和测算，对医疗保险市场还要进行调查研究等。

3. 保证医疗服务的提供

医疗保险组织机构一般不直接提供医疗服务，但是有责任组织提供医疗服务。医疗保险机构要对医疗服务提供方进行选择，选择既能满足参保人基本医疗服务需求，保证医疗服务质量，医疗服务的价格又相对合理的医疗服务提供者。另外，还要对基本医疗的服务范围进行选择和界定，也要组织一些直接卫生服务，如疾病的预防、健康体检、健康教育和健康促进等。

4. 支付被保险人的医疗费用

随着医疗技术的发展，对同一种疾病的治疗有越来越多的治疗方案，它们费用的差别也越来越大。所以迫切需要通过技术经济分析方法测算出合理诊断、合理治疗、合理用药的费用，在众多的治疗方案中，选择适当的治疗方案，作为医疗保险机构费用偿付的依据。在医疗保险系统中采取的是第三方付费方式，所以医疗保险机构日常工作量最大的基本工作就是对被保险人发生的医疗费用进行审核，采取合适的费用支付方式对医疗服务提供者进行费用补偿。

5. 对医疗服务提供者和被保险人进行监督和控制

医疗保险活动中的信息不对称是普遍存在的，参与人的行动将直接影响损失概率。在医疗保险中，参与人包括保险人、投保人和医疗服务机构。在医疗保险运行过程中，各种违反法规、制度的行为，即所谓的"道德风险"（moral hazard）是不可避免的。在医疗服务中存在着严重的信息不对称，保险机构和投保人信息不对称，由此产生投保人因为医疗保险而过度使用医疗服务的道德风险，以及高风险人群倾向于选择保险和多保险，而低风险人群可能不保险的逆选择（adverse selection）问题；又包括医生和患者之间的信息不对称，医生对疾病和治疗过程比患者掌握更多的信息，很容易导致从医生自己的利益，而不是从患者利益出发诱导需求。因此，医疗保险机构对医疗服务提供方的服务范围、种类、价格、水平等要进行监控，对被保险人主要是防止违反医疗保险规定的行为进行监控。

在社会医疗保险机构执行政策过程中，应合理赋予医疗保险机构相应的权限，比如，在医疗服务的价格制定上，加强医疗保险方的参与权，代表参保人群与医疗机构谈判服务价格，可以避免医保机构在控制医疗费用支付方面的被动状态。对于定点医疗机构违规行为的处理，医疗保险机构应加大处罚力度。医疗保险机构代表政府执行政策，在政策执行过程中要能够达到应有的效果，需要合理赋予医疗保险机构相应的权限，配备具有专业知识的人员，使其更好地发挥作用，有效地保障患者的利益。

6. 对医疗保险基金的管理

医疗保险基金是广大参保职工的"保命钱"，由于国家经济发展水平的制约，社会基本医疗保险只能是"广覆盖、保基本"，有无有效健全的基金管理、监督机制是医疗保险制度改革能否顺利运行并取得成功的关键。如何管好、用好医疗保险基金，应该把好三关：医疗保险基金收入关、医疗保险基金支付关、基金保值增值关。要使基金保值增值必须立法放宽投资方式，其中，通过对医疗卫生事业的投入来取得收益的方法是较为安全有效的方法，同时，还可以引导卫生资源合理配置，促进卫生事业的发展，起到双赢的结果。

（四）医疗保险组织机构的设置

1. 医疗保险机构的宏观组织

（1）医疗保险机构的设置与分布

根据保险理论中的"大数法则"，当保险机构承保的人数越多，其抵御风险的能力就越强，若被保险人数不能达到一定的规模时，保险机构就会面临亏损甚至倒闭的风险，所以保险理论中要求集中的风险单位要足够大。因此，医疗保险机构的设置必须考虑被保险人数的问题。在设置医疗保险机构时，通常有这样几种情况：①以地区为单位设置医疗保险机构。即以一个行政区域中所有人群（或大部分人群）作为保险对象设置医疗保险机构。一般采取计划型医疗保险方案的情况下多采用这种方式，我国目前的城镇职工基本医疗保险制度就是按照这种方式设置的。②以行业为单位设置医疗保险机构。即以一个行业的职工（也可包括职工家属）为对象设置医疗保险机构，在行业内进行统筹管理。这种形式多出现在自发产生医疗保险的地方，或国家还缺乏统一的医疗保险政策的情况下。③倾向市场需求设置医疗保险机构。这种形式多见于医疗保险起源于民间的国家。在这种情况下，医疗保险机构的设置还是以地区为基础，但被保险人群并不一定仅限于本地区人群，保险机构的发展不受行政区划的限制，而是根据市场需求自行调整，地区内与地区间的保险机构都存在竞争。

（2）医疗保险机构的组织系统

医疗保险机构并不是一个个单独的组织，必须形成组织系统才能承担参保人群的医疗保险任务。一个统筹区域的医疗保险机构，按照覆盖人群的多少，规模也可大可小。大的医疗保险机构可以由一个总部和若干个分支机构构成，每个分支机构负责一个特定区域和人群的医疗保险业务。

各个统筹区域医疗保险机构在一个更大的范围内，比如一个市、一个省内形成一个联合机构，可以称为医疗保险中心，其作用是统筹协调各地的医疗保险业务，实现医疗保险基金的地区间调剂，提高基金抗风险能力。

在医疗保险的联合机构之上，通常还有政府有关部门的管理和调控，这样就形成了医疗保险机构的组织网络。

2. 医疗保险机构的微观组织

（1）部门设置

医疗保险机构内部一般设置以下部门：①行政管理部门。主要负责行政、人事、后勤等的人、财、物管理部门。②业务管理部门。主要负责与参保人及医疗服务提供方有关的事务，如对参保方要进行参保单位的审核、被保险人的资格审查、办理参保手续及宣传保险条例、进行保险市场的调研等，对医疗服务提供方要进行资格认定、界定服务范围、补偿服务费用、监控服务质量等。③财务审计部门。主要负责医疗保险基金的筹集、使用、管理等过程中的财务和审计工作。④基金运营部门。为使医疗保险基金抵御通货膨胀的压力，使得基金能够保值增值，还要对医疗保险基金进行核算和投资分析规划。⑤管理信息部门。主要负责医疗保险的信息收集、分析，对医疗保险信息系统进行设计和维护，促进医疗保险业务活动能更高效运转。

（2）人员配备

建立一支高水平的医疗保险专业队伍是我国医疗保险制度建立与完善的必要前提和保证。医疗保险学本身是一门综合性、专业性很强的学科，它不仅涉及保险方、被保险方、医疗服务提供方和政府等多方面的复杂关系，而且涉及医学、保险学、医疗保险学、社会学、卫生管理学、卫生经济学、计算机科学等多个学科，因此，从事医疗保险活动的人员应当具有相关专业知识和能力。

在人员配备上，必须考虑医疗保险的上述特点，并根据医疗保险组织机构的设置情况，加强对医疗保险专业人员的选拔和培训。具体方法有：一是加速培养，通过举办各类培训、研修班，将原有的医疗技术人员或医疗卫生工作管理人员逐步培养成为医疗保险专业人员；二是目前全国不少高校已经开设了医疗保险专业（方向），这些毕业生是我国医疗保险事业发展的生力军；三是根据所设置机构的工作特点，引进相应人才，如财务审计部门以配备懂财务、审计的人才为主，费用审核部门以医学和医疗保险专业人员为主，信息管理部门以计算机人才为主等。

三、医疗被保险方

（一）医疗被保险方的概念和地位

在医疗保险系统中，被保险方就是参保人，也可称为投保人，他们同时也是医疗保险制度的受益人，在强制性医疗保险的情况下，被保险方就是一个地方的全体或大部分居民。

在医疗保险系统中，被保险人处于主体地位。目前正在推进的医疗保险制度改革、医疗卫生体制改革和药品流通体制改革的目的是以人为本，施福于民。"三医"联动改革关系到全社会每一个参保人员的利益，最具有发言权的也是被保险人群。在费用一定的情况下，参保人抵御疾病的情况、健康状况及他们对保险方案、医疗服务质量和服务水平的满意度是衡量和评价一种医疗保险制度或方案的最根本的标准。在医疗保险市场中，被保险人是医疗保险资金的主要来源，也是资金的使用者，他们在医疗保险资金的筹集和支付过程中的行为对保险的效果和效益等会产生重大影响。

（二）医疗被保险方的构成和分类

被保险方在医疗保险系统中虽然被作为一个整体来看待，但在实际的操作中，他们被划分为不同的人群，并且对应于不同的保险政策，即使在相对统一性保险计划下，这种差别也是存在的。

被保险方是一个社会人群，但这里的构成和分类不是指社会学或人口学等方面的划分，而是为适应医疗保险的需要所进行的划分。综合世界上多个国家的医疗保险政策，被保险方可以从以下几种不同的角度进行划分。

1. 按经济收入分类

由于经济收入的高低不同而享有不同的保险政策。医疗保险政策往往是针对中等收入人群而制定的，他们主要是工薪劳动者，医疗保险费常常是由雇主和他们自己共同负担。对于低收入人群，往往采用由政府资助保险费的办法来参加保险。而高收入阶层，按照收入的比例支出保险费，因此相应缴费也越多，他们可以参加高费用高保障的医疗保险项目，或者是不强制他们参加医疗保险。

2. 按职业分类

不同职业的人群享有不同的保险政策。常见的职业人群主要有以下几种。

（1）各类企业、事业单位、社会团体的职工和雇员。他们是医疗保险的主要对象，一般医疗保险政策是针对他们而制定的。

（2）政府公务员。公务员在参加基本医疗保险的基础上可以享受医疗补助政策。

（3）独立职业人群。包括企业主、各类独立开业者、自由职业者等。他们往往自己出全部的医疗保险金，在保险范围、支付方式等保险政策上有较大的自由度。

（4）农民。农民主要参加新型农村合作医疗制度。

（5）部分特殊人群。包括：①农民工，可以参加"农民工医疗保险"；②离休人员、老红军和二等乙级以上革命伤残军人等，往往由政府负担保险金；③高校学生。

3. 按健康状况分类

对患有一些特殊疾病的人群（如残疾人、癌症患者、艾滋病患者等）由国家出资负担保险费、医疗费；对社会医疗保险基本项目以外的医疗保险或商业健康保险，常常按照人群的健康状况分类，分别收取不同的保险金额。对一些高危人群，如吸烟、严重肥胖症患者，须收取较高的保险费。保险公司有时还需要根据实际情况要求被保险人进行体检，以便更好地掌握被保险人的健康状况，并以此为依据判断是接受其投保，还是拒绝承保或增加保费，即保险公司对被保险人进行的"风险选择"。

（三）医疗被保险方的消费特点

与参加医疗保险前或未参加医疗保险的职工相比，医疗保险的被保险方对医疗服务的消费有以下特点。

1. 服务地点受到限制

参加医疗保险前及未参加医疗保险的职工可以自由选择医疗服务机构，而参保人员必须到与医疗保险经办机构有合同关系的医院就诊或药店配药，在非定点医疗机构就医、配药所发生的医疗费用只能由患者自负，统筹资金和个人账户不予以支付。

2. 服务范围、服务标准有明确的规定

参保人就医或配药时必须按照基本医疗保险的诊疗项目、用药范围和支付标准，对于超范围、超标准的医疗费用，统筹基金和个人账户不予以支付。

3. 第三方付费

在医疗保险系统中，被保险方接受医疗服务后，是由医疗保险机构对医疗服务提供者进行费用补偿，但是医疗保险机构作为系统中的第三方只对医疗保险合同范围内的服务项目、病种的医疗费用按规定支付给医疗服务提供者。

4. 需要医疗保险政策的引导

医疗保险费用补偿采用的方式和标准体现了医疗保险不同的政策取向，如果医疗保险政策不论风险大小、费用高低都予以补偿，被保险人很少负担医疗费用，那么参保人的医疗消费的费用将成为难以控制的问题。因此，在保证医疗保险政策稳定性、连续性的基础上进一步完善医疗保险政策，在引导参保人合理地进行医疗消费的同时抑制不合理的消费，从而使医疗消费的增长保持在一个适当的水平上。

四、医疗服务提供方

（一）医疗服务提供方的概念

医疗服务提供方（health care provider）有狭义和广义之分。狭义的医疗服务提供方是指保险机构需要支付其服务费用的各类与治疗疾病有关的医疗、护理、药剂等服务提供者，包括个人和机构；广义的医疗服务提供方是按照健康保险概念来解释的。除了上述人员和部门外，还包括提供各种卫生保健等服务的卫生部门人员和机构，如防疫、妇幼、健康教育等。这里主要涉及狭义的医疗服务提供者。

（二）医疗服务提供方的性质

医疗卫生业在各国都被认为是非常特殊的行业和产业，其特殊性表现在其既具有公益性，又具有商品性。

医疗服务业具有公益性，按照公认的道德准则，人人有权获得最基本的医疗服务以确保生存权的实现，即使无力支付必要的费用。医疗卫生机构应该以社会效益为主，所以，国家有必要设立国有医疗卫生机构，也可以制定法律和政策鼓励设立其他形式的公有制医疗卫生机构。这类医疗机构的行为特征是不以营利为目的的。

但是，不以营利为目的不等于不存在盈利的可能性，在我国，由于政府对医疗卫生机构的收费标准实行严格的管制，医疗机构的可盈利性被抑制了，因此需要有其他方式进行补偿。所以完全有可能以商业化方式达到满足社会需要的目的。因此，医疗服务提供者又具有经营性。如患者必须按市场要求去购买自己需要的医疗消费品，在获得服务后必须支付相应的医疗费用。医疗机构完全有可能从市场获得自我发展的资源，即主要通过向医疗消费者或者第三方收费而获得主要收入，维持自身的生存和发展，其实质是一种经营行为。

（三）医疗服务提供方的构成与分类

1. 按经济性质分类

政府根据医疗机构的经营目的、社会功能及其承担的任务，划分现有医疗机构性质，核定新办医疗机构性质，制定并实施不同的财政、税收、价格政策。实施医疗机构分类管理的政策，是医疗卫生体制改革中的重要环节，对我国非营利性医疗机构的体制改革有着直接或间接的影响。

（1）营利性医疗机构

利润最大化是其生存与发展的主要目标，其提供的医疗服务只是达到这一目标的手段。现阶段主要包括中外合资合作医疗机构、股份制医院、民营医院和私营医院。

（2）非营利性医疗机构

对其生存与发展而言，营利不应成为其最终目标，它们的目标必须和社会服务联系在一起，提供基本医疗服务，完成社会福利是其存在的主要使命。主要包括公立医疗机构和慈善团体、港澳同胞、海外侨胞捐资和社会筹资兴建的医疗机构。

要坚持非营利性医疗机构为主体、营利性医疗机构为补充，公立医疗机构为主导、非公立医疗机构共同发展的办医原则，建设结构合理、覆盖城乡的医疗服务体系。

2. 按举办主体分类

按照医疗机构的举办主体，可将其分为两类。

（1）公立医疗机构

这类机构主要由代表社会公共利益的政府直接举办，一般把社会效益放在首位，而不是追求利润。

（2）私立或民办医疗机构

这类医疗机构主要由个人、企业、社会团体举办，一般是营利性的。当然也有非营利性的，如果民营资本进入后不求回报，其投资所得仍将用于医疗事业再发展的，将核定为非营利性医疗机构（如慈善基金会、教会所办的医疗机构等），享受政府给予的免税政策，价格指导政策及其他国有医疗机构所享有的相应政策。

3. 按主要功能分类

按照医疗机构的主要功能，可将其分为三类。

（1）以诊疗疾病为中心的机构，如医院、门诊部、诊所、医务室等。

（2）以预防疾病为主体的机构，如妇幼保健院、结核病防治所等。

（3）以康复疗养为重点的机构，如疗养院等。

医疗保险所指的医疗机构一般是医院、诊所、医务室等。

4. 按功能、任务的不同分类

医院按照功能、任务的不同可以划分为三级：一级医院是指直接为一定人口的社区提供预防、治疗、保健、康复、健康教育指导服务的基层医院、卫生院、社区卫生服务站；二级医院是指向多个社区提供综合医疗服务和承担一定教学、科研任务的地区性医院；三级医院是指向几个地区提供高水平专科性医疗卫生服务并承担高等医学教育和科研任务的区域性以上的医院。

以社区卫生服务机构为主体的基层医疗机构与基本医疗保险具有相同的目标，将社区卫生服务纳入医保，既可使卫生资源更加合理利用，又可增强医保资金利用率，使之良性循环。这不但解决了城镇职工与居民的基本医疗保障，而且对控制医疗费用过快增长有着重要的现实意义。

需要说明的是，我国基本医疗保险实行定点医疗制度，即为参保人提供医疗服务的医疗机构分为定点医疗机构和定点零售药店。实现定点医疗和定点零售药店制度是医疗保险制度改革的一项重要举措，定点医疗机构的行为直接关系到医疗保险成功与否和控制医疗保险费用的关键，同时医疗保险制度也极大推动了定点医疗机构内部运行机制的创新和卫生资源的有效利用。

（四）医疗服务提供方的特点

1. 医疗保险机构与医院之间的费用结算方式对医院有较大影响

实行医疗保险改革后，保险方与医疗服务提供者之间所采用的结算方式与标准是建立医、患、保三方制约机制、保证保险基金平衡和参保人员的基本医疗，这是医疗保险管理与费用控制的关键。

我国的社会医疗保险起步晚，但在借鉴国际经验的基础上，起点较高。我国多数地区逐步探索出适应当地实际情况的、总额控制下的复合式支付方式。但由于目前各地的医疗保险部门普遍存在管理水平不高，特别是对总额的测算与分配不科学，对不同等级的医院造成了不同的影响。在刚性地做到了基金收支平衡的同时也在一定程度上限制了医院的工作积极性，影响了医院的发展。因此完善费用结算办法，对医院进行合理的补偿可以使医院和医疗保险管理部门成为既做到控制医疗费用，又能保证医疗服务质量的联合体。

2. 医院受到卫生行政部门和医疗保险管理部门的双重监管

医院除受到卫生行政部门的主管外，还受到医疗保险机构的监督。医疗保险制度要求医院的医疗行为更加规范，对城镇职工基本医疗保险的保障病种、用药范围和诊疗项目都做了明确规定。更为重要的是，医疗保险管理部门和定点医院没有任何隶属关系，所以在监管中可以做到严格、公正，对有不规范医疗行为的医院可以拒付医疗费或对其罚款，甚至取消定点医院的资格，对定点医院的不良行为具有震慑力，医院的医疗行为既不能超范围，也不能超标准；既要符合医疗保险的要求，又要满足患者的需要，使得医院的经营难度加大。

3. 医院需要及时把握医疗服务的需求

医疗保险实施后，医院应该了解保险对卫生服务需要和需求的影响，在调查研究基础上，确定人、财、物投资的重点，使医疗服务的提供和需求保持在均衡状态，基本医疗服务的范围也不是固定不变的，而是随着经济发展和人民生活水平及技术进步而调整。

4. 定点医疗机构的服务对象较宽

由于取得了定点资格，定点医疗机构可以为参保人及非参保人员提供所有的医疗服务。与此相反，非定点医疗机构不能为参保人员提供医疗保险合同范围内的医疗服务，它们只能为非参保人员或为参保人员提供医疗保险合同范围外的医疗服务。

五、政府与医疗保险

（一）政府管理医疗保险的方式

医疗保险服务是个特殊的市场，一般都有政府不同程度的干预。政府的干预程度与医疗服务中效率和公平问题的权衡有关，与医疗市场存在的垄断、外部性和公共品这些市场失灵因素有关。政府介入医疗保险市场，旨在保证医疗资源的有效配置，实现社会的公平和经济的高效率。但政府并非万能，回顾社会医疗保险发展的历史轨迹可以看到，一方面，政府的介入对于克服各种市场缺陷、协调公平与效率的关系确实发挥了重要的作用；但另一方面，社会医疗保险公共支出急剧膨胀，社会医疗保险运行机制效率低下也成了一个通病。

考察各国的医疗保险制度不难发现，各国政府对医疗保险市场的介入程度是不同的，一些国家政府对医疗保险市场介入得比较深，承担了大部分医疗费用，另一些国家却介入得比较浅，市场和个人承担了大部分医疗费用。一般而言，政府介入医疗保险体系的程度，是各国经济、人文及社会保障制度等背景的结果，并直接决定其医疗保险体系的整体框架，最终影响其医疗保险体制的运行效果。

一般说来，政府对医疗保险管理方式有以下三种。

1. 政府对医疗保险的计划管理

在偏向于集中计划型医疗保险模式的情况下，政府参与医疗保险。从宏观到微观，从总体规划到具体制度，都有政府的干预，甚至政府会处于直接领导者的地位。国家的公共医疗支出占 GDP 的比重很高，且以超乎寻常的速度增长，如果政府未能有效控制社会医疗保险等社会福利项目支出的扩张趋势和抑制继续膨胀的费用支出，财政势必难以支撑，必然给经济与社会的协调发展产生不容忽视的影响。

2. 政府对医疗保险的市场化管理

在偏向于市场型医疗保险模式的情况下，政府往往只进行宏观规划，尽可能不直接参与或干预医疗保险的运转，医疗保险基本上是由市场调节，政府的责任大大减少。

（二）政府在医疗保险中的职责和作用

1. 进行医疗保险立法

在医疗保障"多元化""多层次"发展趋势下，政府逐渐退居后台，放弃某些责任、如直接供款和全权管理，但应强化监管责任。立法先行是医疗保险制度的一项基本原则，这不仅是市场经济的客观要求，也是医疗保险制度自身的需要。首先，医疗保险实质上属于社会再分配，具体的制度安排必然牵涉政府、企业与个人之间的责任分担和不同社会群体或利益集团的利益调整；其次，根据权利与义务对等的关系，国家在保障每个劳动者享有基本医疗保险服务的权利的同时，用人单位和个人也必须为社会尽同等的义务，即按规定缴纳相应的医疗保险费用。

2. 对医疗保险制度承担经济责任

进行医疗制度改革、建立城镇职工基本医疗保险制度，并不意味着国家财政对卫生事业经济责任的减少。

首先，医疗保险改革之初需要财政投入启动资金。从长远看，医疗保险制度改革会改变原先公费、劳保医疗将医疗费用大包大揽的状况，实行国家、单位、个人共同负担，会逐渐减轻财政负担，但在改革之初反而会增加财政支出和减少财政收入。

其次，即使医疗保险制度改革完成，政府仍对职工基本医疗保险负有经济责任。即使医疗保险改革完成了，国家仍要通过以下渠道承担医疗费用：一是财政拨付公费医疗经费；二是企业缴纳的医疗费用在税前列支，国家以少征所得税的形式负担费用；三是当基本医疗保险基金入不敷出时，国家财政给予补贴。具体说来有以下几个方面：①为公务员缴纳基本医疗保险费；②对公务员给予医疗补助；③国家财政拨付社会保险经办机构的经费；④对特殊人群给予医疗补助；⑤对职工医疗保险基金免征税费；⑥企业缴纳职工基本医疗保险基金允许在所得税前列支；⑦特殊情况下对医疗保险基金的补助。

最后，国家仍然要对卫生事业的发展承担责任。如在医疗机构上：一是医疗机构应由当地政府规划、建设；二是公立医疗机构的基本建设及大型医疗设备的购置、维修，要纳入同级政府的基本建设计划和财政预算，统筹安排；三是各级政府应该随着财政收入的增长，增加对公办医疗机构的投入。

3. 加强对医疗保险的宏观管理

具体来说，政府在宏观管理中的职责与作用有以下几个方面。

（1）设计、规范医疗保险市场

在医疗保险市场，医疗服务的"公共产品"属性及其所具有的"外部性"，医疗服务的专业性、市场信息障碍，加之第三方付费等特征，使得竞争市场上的价格机制很难充分发挥有效调节资源分配的功能，以致市场失灵，出现了医疗服务利用的不平等性等问题。这些特殊性往往是政府设计、规范医疗保险市场的主要原因。

（2）促进和协调医疗保险市场的发展

政府干预医疗保险市场通常有经济、法律、行政三种手段，要促进和协调医疗保险市场的发展，解决医疗卫生领域中的突出问题，必须综合运用多种手段。如加强公共卫生规划，根据区域卫生规划的原则调整卫生资源配置，通过行政手段向医疗消费者提供信息，减少其消费的盲目性，法律手段和行政手段可以有效改善卫生服务公平性。政府还可以通过健康教育和卫生知识宣传，提高全民的保健意识。

（3）监控医疗保险市场的运转

保险业是逆向选择和道德风险的多发领域，而医疗保险则是典型代表。医疗保险市场涉及多方利益主体，其中，最基本的参与者是医疗服务提供方、被保险方和保险方，彼此之间因费用支付而形成了契约关系。由于契约双方所掌握的信息的不对称性，而引致医疗保险市场的逆向选择和道德风险行为，这时需要政府监督控制，引导医疗保险市场健康发展。

（4）参与和弥补医疗保险市场的不足

医疗保险市场是一个不充分的市场，存在着市场失灵。另外，居民中有些医疗问题，如某些疾病的预防，是不能以保险的方式解决的，某些人群（如贫困人群）要借助政府加大对其卫生投入的力度，使其能够获得基本医疗服务。政府行为使医疗保险市场的不足得以部分弥补，促进了保险市场的发展。

第二章 基本医疗保险与经济社会发展的关系

第一节 基本医疗保险与经济发展的关系

一、基本医疗保险与居民消费

消费是社会再生产的重要组成部分，它对经济增长的速度和质量有着较大影响。在中国谋求经济增长方式转变的现阶段，扩大消费需求已然成为经济持续增长的重要动能。但在现实生活中，消费和储蓄又是一对矛盾，两者呈此消彼长关系。在收入约束的前提下，未来的不确定性风险将增加人们的预防性需求，鼓励增加储蓄，进而对消费需求产生"挤出效应"。因为对于家庭或个人而言，突如其来的巨大医疗开支，常常会带来经济风险，并且，风险强度随着人们收入水平的提高而减弱。换言之，收入水平较高的人群面对巨额医疗费用冲击时，其经济风险相对较低；而低收入者面临的经济风险往往较大，有着更强的储蓄意愿，他们试图通过增加预防性储蓄来抵御由疾病造成的经济风险。因此，疾病风险对居民的储蓄有着明显的刺激作用，并对居民消费产生一定的抑制效应。

医疗保险可以在一定程度上降低居民的预防性储蓄，促进居民消费。美国学者格鲁伯和耶洛维茨的研究表明，作为美国基本医疗保险之一的医疗救助计划的普及，降低了17.7%家庭的财产持有率，增加了居民5.2%的消费。通过参与政府提供的基本医疗保险制度或者市场提供的商业保险制度，人们能够降低自身面临的潜在疾病经济风险，从而减少其预防性储蓄，最终促进居民消费增长。

二、医疗保险与人力资本

人力资本的效率基础是人的健康，一个健康的人力资本对于一国经济社会发展至关重要。学者从四个方面分析了健康如何影响一国的经济发展。一是在生产力方面，一个国家经济发展的动力往往是由该国家的国民生产力所决定的，健康状况较好的个体通常具有更高的劳动生产能力，因而能够在生产活动中投入更长的时间，带来更高的产出。二是在教育投资方面，健康状况较好的个体，投资自身教育的动机较强，因为健康通常意味着更长的生命周期，因此，个体对教育水平的投资能够带来更长的收益期限。受教育程度的提升，也能够促进生产力的提高，进而获得更多的收入。三是在物质资本方面，预期寿命的不断延长，鼓励个体不断进行储蓄，储蓄率的增加，可以为物质资本的投资积累充足的资金。四是在人口红利方面，婴幼儿死亡率得到控制是人类健康的一个重要标志，它使得年轻劳动力的数量不断增加，新增的劳动力将很快投身于生产工作中去，成为促进国家经济发展的新生力量。

医疗保险作为分散居民疾病经济风险的主要手段，可以有效保障居民的健康，提升人力资本的质量。首先，基本医疗保险能够在居民患病就医时，提供相应的经济补偿，鼓励居民的合理就医行为，有利于治愈疾病和恢复健康，从而增进人力资本价值，提高人力资本投资回报率。其次，基本医疗保险的兜底作用，有利于稳定人们的医疗开支预期，鼓励居民积极参与体检等预防性保健项目。在医保的分担机制作用下，人们积极查病、看病，避免了疾病的进一步恶化与传播，减少了人力资本的损失。

三、医疗保险与劳动力流动

健康充足的劳动力是一个国家或地区经济有效运行的重要条件。医疗保险对劳动力的保障作用，一方面，体现在对劳动力供给的保障上，即劳动者的健康水平下降，会减少劳动时间和劳动供给，医疗服务虽然不能决定健康状况，但可以治疗疾病。医疗保险通过分散医疗经济风险，降低就医成本，有利于劳动者及时恢复身体健康，从而提高劳动的供给数量和质量。另一方面，也是更重要的，现行医疗保险体系实行异地就医即时结算办法，有利于促进劳动力的地区间合理流动。过去，由于无法实现异地就医即时结算，农村外出务工人员往往不能在工作所在地及时报销医疗费用，而是需要自己先垫付，然后回原籍地报销，其经济成本和时间成本都比较高。

四、医疗保险与收入分配

英国剑桥学派经济学家庇古在《福利经济学》中提出了两个经典命题：第一，国民收入总量与社会经济福利水平成正相关；第二，国民收入分配的均等化水平与社会经济福利水平成正相关。显然，提升社会福利水平需要缩小收入差距、改善社会分配。因为收入分配作为平衡社会发展、维护社会公平、促进经济健康发展的重要机制，它在一国经济社会发展中有着十分重要的作用。

社会保险制度是国民收入初次分配和再分配的重要手段。在初次分配环节，社会保险能够直接影响劳动者的收入。以医疗保险为例，制度要求个人根据其工资收入的一定比例缴纳医疗保险费，并且对不同参保人群缴费负担有不同的规定，这对于社会收入分配不均问题，能够起到一定的调节作用。在再分配环节，各级政府对社会保险基金的财政补贴，也在一定程度上改善了收入分配的公平性。所以，在谋求效率与公平均衡的帕累托最优目标下，医疗保险的收入再分配功能，一方面能够缓解收入差距，另一方面有助于满足人们的基本医疗服务需求，促进医疗服务资源享用的社会公平。

在中国相当一部分地区，不仅居民基本医疗需求还未实现充分保障，而且还存在着较为严重的不均衡问题，部分高收入群体享有的医疗服务水平要远远高于低收入群体。众所周知，相对于高收入人群而言，医疗服务的消费对低收入人群会产生更大的边际效用。基本医疗保险制度的互助共济功能，可以分散大额医疗费用支出风险，有利于减轻低收入患者的医疗费用负担，间接地缓解社会收入分配矛盾。党的二十大指出，促进多层次医疗保障有序衔接，完善大病保险和医疗救助制度，落实异地就医结算，建立长期护理保险制度，积极发展商业医疗保险。

五、医疗保险与精准扶贫

医疗保险制度的目的在于分散疾病经济风险，防止人们因为过高的医疗费用而陷入生活困境。为了有效发挥医保在精准扶贫中的作用，首先，需要在指导思想上明确，医保扶贫的对象应当是"因病致贫""因病返贫"的易发或高发人群，须突出重点地区、重点病种和重点人群。其次，针对贫困群体，政府财政需要承担基本医保的个人缴费部分，并将其纳入基本医保的保障范围。在医保报销过程中，可适当提高贫困群体住院费用的报销比例。最后，要注重发挥大病医保的功能，即基本医保需要"抓大放小"，集中力量解决看病贵的问题，而不宜轻易降低大病报销的起付线，使大病医保真正起到分散"大病"经济风险的作用。

此外，还需要明确基本医保在多层次医疗保障体系中的功能定位，注重发挥商业保险、医疗救助和慈善救助在防止"因病致贫、因病返贫"中的积极作用。基本医保的定位是"保基本、保大病"，对于很多重特大疾病，基本医保往往无能为力，还需要整个医疗保障体系共同发力。要通过构建多层次医疗保障体系，真正使贫困群体能够看得起病、看得好病，以筑牢社会安全网。所以说，单靠基本医保的"单打独斗"是无法有效解决"因病致贫"和"因病返贫"问题的。基本医保一定要回归本位，做到既不缺位，也不越位，真正起到分散大额医疗费用风险、解决"看病贵"问题的作用。

第二节 基本医保与"三医联动"的关系

一、"三医联动"的概念

所谓"三医联动"中的"三医",指的是医疗卫生体制、医疗保险体制和药品流通体制。"三医"改革所强调的"联动",意在要求医疗、医保和医药三项制度改革共同推进、协调统一,而不能各自为政。"三医联动"是推进中国医疗卫生体制整体性、系统性和协调性改革的一项重大原则,它不仅明确了改革的目标和路径,而且它的改革成效,对于进一步完善中国的基本医疗保障制度有着重要影响。

二、"三医"关系及体制症结

医保、医疗和医药是医疗保障系统中密切联系的三个子系统,在产业链中,"三医"呈上下游关系;在体制上,三者之间呈"一体两翼"关系,即医疗卫生体制改革是主体,药品流通体制和医疗保险体制改革是两翼。因此,"三医联动"不是并列关系,而是有主次之分。其中,医疗卫生体制改革处于核心和枢纽地位,是其他两项改革的前提和基础,只有在医疗卫生体制改革的基础上,医疗保险制度和医药流通制度改革才能有效推进,医疗保障系统内存在的诸多问题才能迎刃而解。

之所以这么说,首先从医疗卫生体制上看,中国医疗服务市场以公立医院为主体,公立医院具有明显的供方垄断地位,可以决定参保患者的检查项目、用药数量和治疗方法等。医疗机构滥开大处方、滥开检查单等过度治疗行为,都直接影响着医保基金的支出。虽然医保对支付方式采取了许多改革举措,希望制约医疗机构的道德风险行为,但始终处于被动地位。此外,在分级诊疗的实施过程中,尽管医保努力发挥"杠杆"作用,但收效甚微,其中一个主要原因是,中国的优质医疗资源主要集中在大城市公立医院。其结果是,大医院往往人满为患,基层医疗机构则门可罗雀,这种状况长期得不到解决。因此,分级诊疗实施的关键在于医疗卫生体制改革,而不是医疗保险体制改革。

从药品流通体制看,医院和医生拥有药品及医疗器械采购的权力。食品药品监督部门在确定医疗器械规格及推广使用时,必须考虑大型公立医院的使用情况及其评价,形成以大型公立医院为标准的医疗器械规格标准。为了控制药价虚高问题,我国虽然已经采取了一系列措施,还建立了省级层面的药品统一招标采购平台,但是医院仍然是药品的真正采购方和买单方，医院和医生拥有用药自主权，垄断了药品零售，患者根本就没有讨价还价的能力。此外，政府还试图通过取消药品加成、降低"药占比"等措施，解决"以药养医"问题。然而，在"药占比"下降的同时，又出现了"耗占比"（医用耗材占比）过高的问题。实际上，医院及医生的行为直接影响着"药占比"和"耗占比"的高低。"以药养医"问题的根源在于医疗服务价格背离市场价值规律，要真正破除"以药养医"体制，还需要进一步改革医疗服务价格的形成机制。

以上问题表明，"三医联动"的核心在于医疗卫生体制改革，改革的关键在于建立医疗市场声誉机制，实现医疗服务价格的市场定价；改革的切入点是"管办分离"，发挥市场在资源配置中的决定性作用。同时，还应强化医疗保险机构的信息征集功能和谈判功能。

三、"三医联动"的主要内容和实施路径

"三医联动"改革的实质是，解决医疗领域各方面的体制机制和治理模式问题。需要在医保领域积极引入竞争机制，让医保机构、药品生产和流通企业，以及所有的医疗服务提供方，在平等基础上进行谈判、协商和交易。也只有采取这种市场化治理模式，而非计划经济的行政化治理模式，才能真正推动"三医联动"改革，清除束缚中国医保事业加快发展的体制机制障碍。

改革目标主要有以下四个方面：一是推进医疗卫生体制改革，核心是建立完备的市场声誉机制，以约束医疗供方及其医生的行为，破除"以药养医"困境，减少不合理的医保费用支出，实现医保的可持续发展；二是要解除卫生行政部门与公立医院之间的管办关系，落实公立医院独立法人地位；三是充分发挥医疗保险机构的谈判作用与约束能力；四是以医疗卫生体制的改革促进药品生产、流通领域的改革，抑制医疗领域的道德风险，进而解决药品流通环节的各种乱象。围绕上述目标，中国需要积极、稳妥地推进医保、医疗、医药三方联动改革。

（一）医疗保险体制联动改革

社会医疗保险的属性首先是"保险"，医保基金来源于参保者缴费和政府的财政补助，其特点是通过互助共济的方式，分散参保成员的疾病经济风险。参保人与医保机构之间是一种权利、义务对等的委托代理关系，医疗保险机构代表的是全体参保人的利益。因此，在整个医疗卫生体制中，医疗保险机构所扮演的角色是代表参保人利益的医疗服务购买方和付费方，公立医院则是医疗服务的提供方。换言之，在医疗保险机构与公立医院之间，

不存在行政隶属关系，而是平等的市场交易关系。

如果医疗保险在医疗卫生体制中的这种角色定位得以确立，那么，在"三医联动"改革中，医保机构作为社会最大的医疗服务和医药购买方，其主要职能就是代表参保者对医疗供方进行选择。医保机构通过比较不同医疗服务供方的价格和质量，在保障疗效的前提下，负责为参保者筛选出价格较低的医疗服务。众所周知，对于医疗服务供方的选择，医保机构和参保者最为关注的是服务质量和价格。所以，只要医疗服务质量与价格满足参保者的要求，医保机构就会做出公正、合理的选择，而不论供方是营利性还是非营利性，是公立医院还是民营医疗机构，都不会因为公立医院的所有权性质和行政级别而歧视其他民营医疗机构。由于医保机构的参与，能够激发医疗服务供方之间的良性竞争，促使医疗服务供给者提供更高质量、较低成本的医疗服务，并以此推动公立医院改革。此外，医疗保险联动还要深化支付方式改革，将过去的单一后付制方式改为多元复合式支付方式，进一步抑制医疗供方的道德风险，控制医疗费用的不合理增长。

（二）医疗卫生体制联动改革

医疗卫生体制改革的关键，是要破除各级公立医院与国家医疗卫生行政部门的"父子"关系，切实落实"管办分离"，推动公立医院参与市场竞争。

要使公立医院成为真正的市场主体，参与市场竞争，首先需要取消公立医院的行政评级制度，以市场声誉机制代之。因为在现有的行政评级制度下，政府给予的行政级别决定着医院的声誉，这种由政府而不是由消费者（患者）来评价医院专业水平的做法，误导了消费者选择决策，容易被所谓的医院等级"牵着鼻子走"。也就是说，患者往往不是根据医生的专业水平，而是根据医院的行政等级来选择就诊医院。在这样的制度下，医生个人靠的是医院声誉而非"货真价实"的诊疗水平来吸引患者，容易导致医生个体行为发生扭曲，出现"滥开大处方""滥开检查单"等现象。对于这种现象的危害，公共经济学的解释是，医院声誉属于集体声誉，它相当于公共资源，每个人都有过度利用的动机，从而导致集体声誉被滥用。另外，由于医院的声誉是由上级卫生行政部门评定的，患者无法改变，医院可以依靠政府部门评级获得更好的声誉，医院缺乏对滥用行为进行监管的动力和约束机制。其后果是，医生滥用医院声誉，医院滥用政府声誉，许多不合理的医疗费用支出不仅增加了患者负担，而且对医保基金的可持续造成了冲击。因此，在三医联动改革中，不仅要对医院去行政化，还要对医生去行政化，取消医生的行政级别和事业编制，解除束缚医生的"黄金绳"，使医生能够自由地多点执业，逐步建立医生个人声誉，发挥市场在医疗资源配置中的决定性作用。

　　显然，推动公立医院改革，需要优质医生。但从短期来看，优质医生是有限资源，既无法均质化，也无法做增量，只能依靠盘活"存量"，即合理利用现有资源。盘活存量要双管齐下，利用好两条路径：一是通过继续教育，提升现有医生的业务水平；二是取消医生单点执业管制，逐步推进自由执业，充分发挥市场配置资源的作用。长期以来，中国的定点执业使优质医疗资源不能合理流动，尤其是占主导地位的公立医院对市场的虹吸效应过大，集中了绝大部分优质医生，造成优质医疗资源难以下沉。与此同时，中国基层医疗服务需求量大，但社区医院却门可罗雀，原因在于中国基层的高水平医师匮乏，医疗服务质量不高。并且，由于医疗行业的特殊性，患者宁愿花高价也要享受高质量的医疗服务，这就造成了医患双方在社区层面的供求矛盾。所以，需要鼓励医生自由执业，引导优秀医生分流到社区，使人民群众能够就近获得高质量的医疗服务。同时，优质医生下沉后，再通过传、帮、带的方式，提高基层医生的业务水平，缓解大医院和基层医院之间的医生异质性问题。

（三）药品流通体制联动改革

　　长期以来，中国卫生行政部门与公立医院实行管办不分的体制，不论是药品还是医院的医疗服务，一直都由政府定价，实行医疗服务价格管制。然而，政府定价有很大缺陷：一方面，由于医疗领域存在信息不对称，经常导致定价不准，最终扭曲药品价格；另一方面，价格调整存在滞后性，政府定价往往出现该升不升、该降不降的局面。这种定价机制导致医疗服务价格不能体现医生的劳动价值，医院提供门诊、手术服务基本上都处于亏本状态。在这种情况下，医院、医生想要增加收入，只能利用自身的垄断地位，采取药品和检查项目创收，通过提高药品销售价格来弥补医疗服务价格的不足，最终导致药品价格虚高不下。

　　在"三医联动"中，医疗卫生与医疗保险两项制度的成功改革，有利于推进医疗市场声誉机制和第三方购买机制的形成，从而为药品流通领域的改革创造良好的条件。在改革推进下，医疗服务供给方与医疗保险机构将成为药品市场上的有力谈判者，通过与药品供方的讨价还价，药品价格将有望大大降低。

第三节　基本医疗保险与多层次医疗保障的关系

　　基本医疗保险与国民医疗保障是既有联系又有区别的两个概念。中国现行的国民医疗保障制度是立体的、多层次的，在这个制度体系中，除了职工、居民个人的基本医疗保险之外，还包括医疗救助、大病医疗保险、企业补充医疗保险以及商业医疗保险，它们共同构成了一张保障中国国民身体健康的安全防护网。

一、基本医疗保险与医疗救助

在现代医疗保障体系中，医疗救助和基本医疗保险是最为核心的两个部分，两者的共同点是，都由政府主导实施，具有大致相同的政策目标，其保障对象的范围也存在较大的重叠性。不过，它们在功能定位、保障对象和保障程度等方面，还是有所不同。其中，最为显著的差别是，医疗保险的主要功能是要分散由于不确定性带给参保者的疾病经济风险，人们是在疾病发生之前参加医疗保险；而医疗救助的对象则是已患病者，它是在疾病发生后采取的帮扶措施。所以，基本医疗保险和医疗救助作为医疗保障的两大子系统，它们相辅相成，发挥着不同的作用，共同保障全社会所有需要医疗服务的群体，都能实现病有所医。

从基本医疗保险制度看，当参保者发生疾病或者非因工伤而产生的医疗服务需求时，可以依靠社会医疗保险基金，通过风险分担机制，为自己提供经济支持，达到分散疾病经济风险的目的。这种风险分担机制可分为两类：一类是横向互助行为，即将部分经济风险从不健康人群向健康人群转移分担；另一类是纵向个人累积，即在个体生命周期内，使疾病经济负担在年轻低风险阶段与年老高风险阶段平滑过渡。

从医疗救助制度看，它是兜底的社会"安全网"，主要由国家动员、引导社会资源向底层困难民众提供基本医疗服务。政府设立医疗救助基金的目的，是将社会一些群体的医疗需求纳入保障体系，尽可能分散他们的疾病经济风险，减轻他们的经济负担。目前，中国农村医疗救助计划的主要对象为"五保户""低保户"，以及各类优抚人员；城市医疗救助的目标群体主要是城镇"低保"家庭。

二、基本医疗保险与大病医疗保险

大病医疗保险是基本医疗保险的延伸。其主要资金来源由基本医疗保险基金中划拨，专门针对符合三个基本目录规定的大额医疗项目，以解决费用报销的资金来源问题。在筹资方式上，大病保险资金主要来自社会基本医疗保险基金，有条件的地区可以利用城镇居民医保和新农合的基金结余来补充大病保险资金；基本医保基金有限的地区，政府可以通过加大城镇居民医保和新农合的筹资力度，解决大病医保资金的来源问题。在保障方式上，它是在参保人因患有三大医保目录所列的重大疾病而出现高额医疗费用时，大病医保在社会基本医疗保险提供一定补偿数额的基础上，对仍须由个人负担医疗费用的剩余部分，给予再次补偿。"高额医疗费用"的判断标准是，个人年度累计负担的合规医疗费用是否超过当地统计部门公布的上一年度居民年人均可支配收入或人均纯收入，凡超过标准的，即为高额医疗费用。

大病医疗保险的保障对象是因患重大疾病而产生高额医疗费用的城乡居民，主要目的是为了解决"因病致贫、因病返贫"问题。建立大病医疗保险制度，有利于缓解城乡基本医疗保险参保（合）人因重大疾病而出现的过重负担，要求各级政府引入市场机制，建立大病医保，减轻城乡居民的大病负担。

三、基本医疗保险与企业补充医疗保险

企业补充医疗保险，顾名思义，它是职工基本医疗保险的一种补充。在中国，基本医疗保险的举办主体是政府，它通过强制性手段为所有职工和居民提供基本的医疗保障，是医保体系的主渠道。企业补充医疗保险作为社会医疗保险体系的一个重要组成部分，它是根据国家有关政策规定，由企业依据自身经济实力和发展状况，自愿为员工提供的除基本医疗保障之外的医疗保险。在市场经济环境下，企业员工的自我保护和保险意识的日益增强，传统的城镇职工基本医保已经难以满足员工的需要，他们期盼和要求企业能够提供更好的医疗保障。另外，企业补充医疗保险也是企业人力资源管理的重要手段，他们愿意通过提供补充医疗保险的方式，增加员工福利，增强企业的吸引力和凝聚力。

建立企业补充医疗保险的目的，在于解决基本医疗保障不充分，即要解决那些基本医疗保险报销范围之外的自付费用的风险分担问题，从而减轻参保者的经济负担，满足参保者对不同层次医疗服务的需求。在企业内部，补充医疗保险对所有员工具有强制性，意在防范参保过程中的逆向选择，以便更好地满足全体员工日益增长的健康保障需求，同时，也有利于吸引人才，适应企业发展需求。

四、基本医疗保险与商业医疗保险

基本医疗保险与商业医疗保险在保障范围、实施方式、经营目的、费率设定、保费来源和保险金给付等方面存在较大差异。在采用社会保险制度的国家和地区，大多实行以社会保险为主体、商业保险等为补充的医疗保险体系。例如，中国根据现阶段的基本国情，建立起了以基本医疗保险为主体，以企业补充医疗保险、公务员医疗补助、商业医疗保险等为补充，以医疗救助为托底的多层次医疗保障体制。这种制度体系既有普惠性的制度安排，又有特殊性的政策照顾。它依据"广覆盖、保基本、多层次、可持续"的基本原则，

正确处理"保基本"与"多层次""主体""补充"的关系，将社会保险与商业保险的医疗保障功能有机地结合在一起。

由政府主导的基本医疗保险具有义务与受益对应、公平与效率统一、待遇水平与经济发展水平相适应等特征。但是，处于"补充"地位的商业医疗保险则不同，它是在国家政策支持下，由商业保险公司针对特定人群的特殊需要所提供的医疗保险产品。商业医疗保险坚持自愿原则，由参保人自主选择缴纳保费。当参保人发生医疗费用风险后，商业保险公司负责按合同契约赔付。所以，企业自主经营、追求盈利，投保人自愿参保、缴费与受益挂钩，是商业医疗保险的显著特征。

五、多层次医疗保险制度的协调配合

经过多年的改革开放和经济发展，中国医疗保障事业取得了巨大成就，建立起了以城镇职工基本医疗保险和城乡居民医疗保险为主体，以企业补充医疗保险、商业医疗保险、医疗救助为补充的多层次医疗保障体系，基本覆盖城乡的全体居民。同时，也应当看到，由于财力和国情制约，现阶段的基本医疗保险主要还是保基本、保大病，而且还不是所有大病都纳入了医保三大目录报销范围。此外，对于封顶线以上的费用不予报销，部分参保者在基本医保报销待遇之后，仍然面临着自付高额费用的压力，医疗支出的经济风险尚未完全化解。另外，随着经济社会发展，人们对医疗服务的需求开始呈现多样化、多层次的特征。在这种情势下，补充医疗保险或商业医疗保险作为基本医疗保险的有益补充，能够进一步分散基本医疗保险未能解决的风险，进一步满足人们对高端医疗服务的需求。医疗救助则是社会医疗保障体系的最后一张安全网，它主要针对生活贫困的低收入群体、遭遇灾害和突发事故的重症病人，所提供的以减免医疗费用为主要形式的低层次医疗保障。

总之，基本医疗保险与企业补充医疗保险、商业保险、医疗救助等在中国的社会医疗保障体系中各司其职、互为补充、相互衔接和相互配合，可以有效协调医疗保险中的强制性与自愿性平衡、储蓄与保险的平衡、公共保险与私营保险的平衡、集体互助与个人自我保障平衡等关系，增进医保制度的强度、弹性和结构功能，更好地保障人民群众的身心健康。

第四节　基本医疗保险与其他社会保障的关系

一个国家的社会保障制度是包括各种医疗保障（保险）在内的、功能复杂的庞大社会安全防护体系。在这个体系中，除了医疗保险或基本医疗保险之外，还包括养老保险、工

伤保险、生育保险、长期护理保险等，它们不仅守护着人们的身心健康，还呵护着国民的生老病死。

一、基本医疗保险与养老保险

基本医疗保险与养老保险都属于社会保险范畴，两者都源于不确定性。医疗保险针对的是疾病经济风险，由于疾病的发生时间、患病种类、病情等都具有不确定性，因此，大额医疗支出的发生也具有不确定性。养老保险针对的则是人们退休后生命期限长短的不确定性，为了防止出现所谓"人活着，钱没了"的风险，养老保险可以对人们退休失去收入来源后的基本生活予以保障。由于基本医疗保险和养老保险的功能定位不同，两者不仅在缴费水平、缴费年限、待遇享受等方面有着较大差异，而且它们在基金管理使用方面也存在着很大不同。

首先，在基金流动性方面，医疗保险基金的管理更强调基金的流动性。因为疾病风险具有较大的随机性和不可预知性，不仅老人、儿童，就是成年人都会患病，而且患什么病、需要多少费用都很难预测，因此，医疗保险基金支出的时间和数额具有很大的不确定性，因而对基金流动性要求很高。养老保险则不同，它要求参保人在工作时期就必须缴纳一定年限的费用，而只有从退休之日起才开始支付养老金，直至被保险人离世之日终止。所以，养老保险作为一项长期保障项目，它更加注重基金积累。

其次，在基金使用方面，医疗保险更加强调互助共济性。在医疗保险中，只有患病的被保险人才能使用医疗保险基金，而且使用的金额取决于诊疗的需要，它与被保险人的缴费基数关系不大。然而，对于养老保险，不管是采取缴费确定型还是待遇确定型，被保险人只要达到退休年龄，就可以领取养老金，而且，养老金领取数额通常要与被保险人的缴费年限、缴费基数挂钩。因此，医疗保险较之于养老保险，前者更加强调"富人帮穷人、健康人帮病人、年轻人帮老年人"的互助原则。

最后，在保险管理方面，医疗保险管理的难度更大。医疗保险管理的范围除了保险方和被保险方外，还涉及医疗服务提供方。由于医疗服务具有很强的专业性和垄断性，医疗服务容易形成卖方市场；再加上病人和医生之间存在信息不对称，保险方和被保险方往往很难辨别医疗服务的合理性。在这种情况下，医疗服务提供方为了追求自身利益，通常会诱导患者过度消费医疗服务，如果因第三方支付制度造成患者对医疗费用关切度低，那么患者也容易产生过度消费医疗服务的动机，甚至可能出现被保险方和医疗服务提供方结成利益共同体，一致对付保险方的情形。其后果必然导致医疗费用不合理上涨，甚至产生医疗保险透支风险。所以，医疗保险不仅要加强对被保险方的管理，还要强化对医疗供方服务的监管。相比之下，养老保险管理通常只涉及被保险方，其管理对象、管理环节就要少一些，难度也要低一些。

二、基本医疗保险与工伤保险

工伤保险，是指劳动者在生产经营活动中或在规定的某些特殊情况下，遭受意外伤害、职业病，以及因这两种情况造成死亡、劳动者暂时或永久丧失劳动能力时，劳动者及其家属能够从国家、社会得到必要的经济补偿的保险制度。工伤保险待遇的一个重要内容是偿付职工因工负伤或者患职业病后治疗所发生的医疗费用，如挂号费、诊疗费、治疗费、药费、住院费等。从这一点看，工伤保险与基本医疗保险之间存在交叉，但二者在筹资、保障范围和待遇水平方面存在差异。

在筹资方面，基本医疗保险基金由政府财政、雇主以及参保者个人共同筹集。而工伤保险费只是由雇主缴纳，雇员不承担任何费用。工伤保险强调"雇主责任"，即一旦发生工伤事故，无论雇主有无过失，雇主都要承担责任。此举可将雇主降低安全标准等潜在的道德风险内部化。因此，工伤保险由雇主承担全部的工伤保险费，最终分散的是雇主的风险。

在保障范围方面，与基本医疗保险不同的是，工伤保险将预防性支出纳入保险基金的支付范围。因为在生产过程中，雇主通过事先采取预防措施，可以大大降低工伤事故的发生概率。而基本医疗保险则不可能将体检等预防性医疗服务纳入保障范围，主要是因为体检等预防性医疗服务本身是确定的，是可以提前计划的，而医疗保险制度的职能是分散风险和经济补偿，分散的往往是随机的、非预期的、具有不确定性的非系统性风险。体检等预防性医疗服务作为一种个人消费行为，消费者个人可以决定去不去体检、什么时候去体检、选择什么样的体检项目，这些选择都是可以确定的，而且，体检带来的经济损失也在消费者可以承受范围内。因此，体检行为本身是一种确定的、风险低的项目，不能也不应该将体检费用纳入医疗保险报销范围内。

在保障水平方面，基本医疗保险基金只对参保者发生的直接经济损失进行补偿，而对参保者因就医而产生的误工损失、差旅费等间接经济损失不予补偿。工伤保险则将因工伤而产生的间接经济损失也纳入了基金支付范围。

三、基本医疗保险与生育保险

生育保险是国家和企业为怀孕和分娩的妇女提供医疗服务、生育津贴和产假，以保证那些因生育而造成收入中断的妇女的基本生活的一种社会保险制度。中国政府早在20世纪50年代，就实施了职工生育保障措施。随着经济改革的不断深入，职工生育的保障方式也由企业单位保障转变为社会保险，国家通过立法，建立了由用人单位缴费筹集基金，对生育的参保者按规定给予经济补偿，并保障其基本医疗需要的一项独立的生育保险制度。

21世纪初，提出"协同推进生育保险和医疗保险"的政策，确定对生育保险与医疗保险实行统一管理、统一缴费和统一参保，但分定费率、分设账户和待遇分开支付。协同推进政策的主要目的是，利用医疗保险的推进机制和管理系统，快速建立生育保险运行管理机制。另外，中国的生育保险与职工基本医疗保险在经办服务、覆盖范围、基金管理和保障待遇等方面，存在诸多共性或重合之处，因此，"两险"合并运行势在必行。一是有利于实现社会保险的一体化；二是两险共用管理平台，有利于降低管理成本，提高管理效率；三是两险合并后能够扩大基金池，充分发挥基金的互助共济作用，提高生育保险的保障能力和可持续性；四是从国际上看，只有极少数国家单独实施生育保险制度，大多数国家都将生育保障纳入了医疗保险待遇之中。

需要指出的是，生育保险和基本医疗保险在目前阶段的合并运行，主要限于管理层面，即实行"统一管理"，而非制度层面的"整合"，不是"合二为一"。主要原因是，两险除了存在上述共性以外，也存在各自的特性。具体表现为：第一，两险所面对的不确定性及其风险不同，这是它们之间的本质区别。生育行为是可以做到有计划的，即可以提前决定生育时间和生育数量，其不确定性程度很小。从这个意义上讲，生育保险具有一定的福利色彩。而疾病以及治疗的费用具有很大的不确定性。第二，两险的制度功能不同。生育保险具有保护女性就业权益和生育妇女围产期权益的独特功能，基本医疗保险则无此功能。第三，两种保险基金筹集的责任主体不同。生育保险的筹资方式体现的是"雇主责任"，即由用人单位负责，而基本医疗保险则是企业（单位）和个人责任合理分担。第四，两险待遇支付的方式和标准不同。生育保险对于符合规定的医疗费用，实行实报实销，而且还规定有生育津贴；而基本医疗保险待遇支付遵循的是"保基本"原则，实行"两线一段"（起付线、共付段和封顶线）的支付方式，医保基金按政策规定，实行按比例支付。第五，制度覆盖的范围不同。生育保险所要保障的是生育妇女在人生一个特定阶段，即围产期的基本权益；医保则是保障全体居民一生的基本医疗需求。

四、基本医疗保险与长期护理保险

按照国际公认的老龄化标准，我国已经进入老龄化社会，部分地区和城市甚至进入了深度老龄化阶段。而且，中国社会老龄化的一个重要特点是失能、失智老人增长迅速，加之普遍存在的家庭少子化、小型化、空巢化，使一些家庭无力承担"长期照护"的重任。所以，在中国建立长期护理保险制度显得十分必要和迫切。

目前，中国虽然建立了全民医保制度，但医保制度的作用在于分散人们的疾病经济风险，其保险对象是因大病而发生的大额医疗支出。并且，中国医保制度是一项保险而非福利制度，出于医保制度可持续发展的考虑，不可能让医保承担无限责任。正是基于这样的考虑，国家就没有将那些失能、失智老人的生活照料和日常护理纳入全民医保的保障范围。长期护理保险和基本医保在保障群体上存在明显差异。其中，基本医保的保障对象是参保的全体人员，不论是老人、儿童或者成年人，只要缴费都可享受基本医保待遇；而长期护理保险的保障对象则是因失能、失智导致生活不能自理的群体。

长期护理保险与基本医疗保险虽有上述差异，但也存在共同点。首先，两者都具有保险属性，目的都是要分散由不确定性所引发的风险。基本医保分散的是由于疾病发生、治疗等不确定性引发的大额医疗支出风险；长期护理保险所要分散的是由于失能、失智发生时的不确定性所引发的护理支出风险。其次，两者都强调权利、义务对等的原则，参保者在筹资过程中都要承担一定比例的缴费责任。目前，基本医保的筹资渠道主要是雇主和个人缴费，以及政府财政补助；长期护理保险的筹资渠道主要有医保基金、个人缴费和财政补助。

目前，中国的长期护理保险制度还处于试点阶段，在试点实施过程中，需要总结基本医保的经验和教训，避免使其过度依赖政府财政或承担应保范围之外的其他责任。

第五节　基本医疗保险与"健康中国"的关系

一、健康与医疗保险的关系

关于健康与医疗保险之间的关系，大体上有两种观点。

一种观点认为，医疗保险能够明显影响参保者身心健康。其影响机制主要表现在以下四个方面：一是医疗保险作为一种为个人医疗服务需求提供保障的制度，能够为参保者就医治病提供一定的经济支持，有利于降低个体心理负担，进而影响其健康状况。二是由于医疗保险为参保人提供了一定程度上的支持与保障，可以鼓励参保者的医疗服务消费行为，提高全社会的医疗卫生服务利用率，进而改善人们的健康状况。三是医疗保险可以通过个体的健康行为影响其健康状况。一方面，在商业医疗保险制度中，某些保险条款对参保者的不健康行为或容易引发健康风险的行为有明确的限定与约束；另一方面，医疗保险的补偿机制鼓励参保者的预防性医疗服务需求，这样，参保者就拥有更多的兴趣获取健康信息，也有更大的可能戒除自身的不健康行为。四是医疗保险还可以通过影响个体的日常消费行为来影响其身体健康。由于医疗保险能够有效缓解个体或家庭的疾病经济负担，降低未来的不确定性程度，因此，参保个体或家庭就可能相应减少储蓄，改善日常消费，增进生活品质，从而影响个体或家庭的健康状况。

另一种观点则认为，医疗保险对健康虽有影响，但并不显著。造成两者之间影响关系模糊的原因有三个方面：一是参保者的"道德风险"行为。由于医疗保险能够有效降低个人负担的医疗费用，在这一保障机制下，个体就有可能产生忽视自身不健康行为的动机，例如，继续维持烟酒成瘾的生活嗜好。显然，参保者存在的这一类道德风险，在一定程度上干扰了医疗保险对健康固有的影响力。二是参保者的"逆向选择"行为。参与医疗保险大多以个体的自主选择为原则，享受医疗保险待遇则需要以支付保险费为前提，在这些条件下，医疗保险往往吸引到的是那些身体健康状况相对较差的人群。这种"逆向选择"导致医疗保险对健康的影响变得模糊起来。三是个体偏好。个体的风险偏好与时间偏好往往左右着参保人对待自身健康的态度。一个厌恶风险的人，往往会通过预防性保健行为来降低未来健康风险的概率，他们也更容易参与健康保险计划；一个具有较高的时间偏好的个体也会更加注重对当前自身健康状况的投资。因此，个体偏好是影响健康状况及保险参与意愿的重要因素。然而，在医疗保险是否影响健康的观测过程中，个体偏好的具体情况往往难以把握，甚至没有得到研究者的关注，因此，现有的相关研究仍然未能做出清晰明确的结论。

关于健康与医疗保险之间关系的学术探讨还将持续进行，理清两者的相互影响有助于人们正确看待医疗保险对于个体乃至社会的积极作用。但无论如何，在建设"健康中国"的实践进程中，医疗保险是必不可少的因素，正确认识医疗保险的地位和作用，确保其既不越位，更不缺位，充分发挥其应有的作用，这是政府推动医疗保险制度改革的关键所在。

二、全民医保与"健康中国"战略

（一）"健康中国"的内涵

健康之于人的重要性，可以把健康比作1，事业、家庭、名誉、财富等就是1后面的0，人生的圆满全系于1的稳固。健康之于一个国家、一个民族的重要意义，同样如此。

按照党的十九大提出的目标，实施"健康中国"战略，其主要内容包括：深化医药卫生体制改革，全面建立中国特色基本医疗卫生制度、医疗保障制度和优质高效的医疗卫生服务体系，健全现代医院管理制度。加强基层医疗卫生服务体系和全科医生队伍建设。全面取消以药养医，健全药品供应保障制度。坚持预防为主，深入开展爱国卫生运动，倡导健康文明生活方式，预防控制重大疾病。实施食品安全战略，让人民吃得放心。坚持中西医并重，传承发展中医药事业。支持社会办医，发展健康产业。促进生育政策和相关经济社会政策配套衔接，加强人口发展战略研究。积极应对人口老龄化，构建养老、孝老、敬老政策体系和社会环境，推进医养结合，加快老龄事业和产业发展。

在党的二十大报告中强调，要"推进健康中国建设"，"把保障人民健康放在优先发展的战略位置，完善人民健康促进政策"。全面贯彻党的二十大提出的"健康中国"建设要求，更好地体现人民健康优先发展的战略导向，需要全面准确理解健康优先的深刻内涵和重大意义，紧紧把握重点任务和关键环节，奋发有为地推动"健康中国"建设迈上新台阶、取得新成就。

（二）全民医保在"健康中国"战略中的地位和作用

全民医保既是国家社会保障体系和医药卫生体制的重要组成部分，也是国家经济社会发展的一项重要制度安排。所以，全民医保在推进"健康中国"战略中，具有重要的制度性功能和基础性作用。这种功能和作用集中体现在，全民医保可以为实施"健康中国"战略创造基本条件。

首先，全民医保坚持"保基本"的原则，能够有效分散参保者的疾病经济风险，解除了人们治疗疾病的后顾之忧，保障人民群众的基本医疗服务需求，为患病人群恢复健康奠定基础。

其次，全民医保有利于维护患者利益。在医疗领域存在信息不对称的情况下，医生虽然是患者的代理人，但有时也会出于自身利益考虑，做出有损患者利益的行为，即发生医生的道德风险问题。为了抑制医院或医生的道德风险，作为参保者利益代表的医疗保险机构，在医疗服务团购中能够与医疗服务供方进行谈判，通过谈判议价，鼓励公平竞争，有利于形成合理的医疗服务价格和药品价格；医保机构在总额预算基础上采取多种支付方式组合与病历审核，有助于规范医生的诊疗行为，缓解医生的道德风险，保障患者的利益，倒逼医疗服务机构提高管理效率。

再次，全民医保的"差别报销"机制，对于实施分级诊疗制度具有辅助作用。这种机制能够鼓励优质医疗资源流向基层，增加基层医疗机构的报销比例，引导患者理性就医，实现基层首诊。

最后，全民医保可以为医改和医疗事业发展提供重要的物质基础。现阶段，医保机构已经成为医疗服务的最大购买方，医保基金已经成为医疗服务机构的主要收入来源。积极推进全民医保，有利于医保基金的可持续运行，有利于医疗卫生体制的深化改革，有利于中国医疗服务行业的长远发展。

（三）在"健康中国"建设中不断完善全民医保制度

21世纪初期以来，中国全民医保制度建设成就显著，其中，医保改革的成效最为突出。主要表现在，全民医保制度覆盖面迅速扩大，基本实现全覆盖。而且，基本医疗保险的基金规模不断增大，保障能力日益增强，开始将医疗花费较高的慢病重症和罕见病纳入保障范围。尽管如此，还需要看到，全民医保建设和医疗卫生体制改革所取得的成效还是初步的、不全面的，它与"健康中国"的要求相比，还存在一定差距。主要表现在两方面。

一方面，从全民医保制度本身来看，城乡居民医保合并虽然正在全国范围内推行，也初步实现了"两保合一"，但要实现"三保合一"，任重道远。由于城镇职工医保与城乡居民医保在筹资、保障待遇上的差异，短期内还难以实现"三保合一"，进而影响全民医保制度的公平与效率，这与"为人民群众提供全方位全周期健康服务"的国民健康政策的要求相比，还是不相适应的。

另一方面，"三医联动"改革滞后，制约了全民医保制度建设。在医疗卫生体制方面，公立医院改革尚未取得实质性进展，医疗服务供方领域仍然沿袭着计划经济时期的体制机制，难以与市场化改革的医保制度和医药生产流通体系相协调，导致全民医保的制度功能受到医疗服务供方体制的束缚。以医疗服务供方结构失衡的现状为例，优质医疗资源过度集中于大城市和大医院，导致大医院人满为患，而基层医疗机构却"门可罗雀"，"头重脚轻、基层薄弱"的问题仍然十分突出。在基层医疗机构普遍缺乏优质医疗资源的情况下，仅靠全民医保的"差别支付"，难以有效推动分级诊疗，更谈不上实施首诊制和转诊制。不仅如此，目前，全科医生制度还处于艰难的推进之中，合理的就医格局和良好的就医秩序尚未完全形成，也导致全民医保的基础性作用难以得到有效发挥。

推进"健康中国"建设，实施"健康中国2030"规划纲要，是各级政府部门的共同责任，是从事医保研究、经办机构与医保人员的历史使命。面对新的形势、新使命和新任务，需要在总结全民医保改革与发展经验的基础上，积极推动全民医保的制度改革与创新，以适应"健康中国"战略和"健康中国2030"规划纲要的要求。

第一，继续做好"保基本"的工作。只有做好"保基本"，才能实现"广覆盖"，才能保障全民医保可持续发展。"保基本"是一个相对、动态的概念，其保障范围和保障水平是随着经济发展和人民群众健康需求的不断提高而相应变化的。目前，全民医保在"保基本"上仍存在诸多问题，保障不到位或超出"保基本"范围的情况仍然普遍，有的甚至将全民医保泛福利化，让全民医保承担了一些职责范围之外的项目。例如，有人建议将常见病和体检纳入全民医保范围等。这类建议看似为民做好事、施"仁政"，但超出国情和财力可能，将影响全民医保制度的可持续，损害人民群众的根本利益。

第二，按照"公平、持续、成熟、定型"的目标要求，进一步规治全民医保行为。目前，全民医保制度的碎片化严重影响制度的公平性和运行效率。因此，在逐步实现城乡居民医保合并的基础上，需要积极探索"三保合一"的有效路径，在统一管理体制的基础上统一制度，"补齐"全民医保的"短板"；在进一步完善筹资机制、保障待遇调整机制的同时，需要对医保支付机制、价格形成机制、议价谈判机制等进行改革完善，促进全民医保制度更为成熟定型。

第三，发挥医保支付在医疗供给侧结构性改革和分级诊疗中的辅助作用。积极化解医疗服务"头重脚轻、基层薄弱"的矛盾，其重要抓手和出路在于，引导优质医疗资源下沉基层，不断提高基层医疗人员的技术水平和服务能力。在此基础上，要建立、完善分级诊疗制度，把占比高达70%的常见病、慢性病的就医问题，解决在基层卫生机构，对其余30%的重大、疑难病症，则通过正常的转诊制度转移到专科医院或高等级医院，形成合理的就医格局和就医秩序。对此，全民医保应当采取举措予以支持和配合，实现各方共赢的目标。

第四，继续发挥医保在医改中的基础性作用。全民医保的保险属性决定着医改市场化的方向。要通过引入市场机制，充分发挥医保作为第三方付费机构与医疗服务供方谈价议价的功能，倒逼医疗服务供方之间展开竞争，以提高医疗服务质量，降低医疗服务价格；要充分发挥医保机构的谈价议价功能，在谈判的基础上形成合理价格，从制度层面解决政府定价引发的药价虚高问题；全民医保制度在明确保障范围的前提下，要通过设置起付线、共付比和封顶线等约束条件，合理确定报销比例，避免医保基金支出的不合理增长。

总之，在实施"健康中国"战略的过程中，既要重视全民医保的制度性和基础性作用，也要清醒地看到全民医保并非万能，不能承担无限责任。如何保证全民医保在实施"健康中国"战略的过程中不缺位、不越位，实现医保制度的可持续发展，仍然是需要进一步深入研究的重大问题。

第三章　我国基本医疗保险筹资

第一节　我国基本医疗保险制度体系

一、我国医疗保障制度体系

近年来，我国在推进基本医疗保险制度改革的同时，积极探索建立城乡医疗救助制度，完善补充医疗保险制度，推动商业健康保险发展，经过多年的改革与探索，逐步建立了多层次的医疗保障制度体系。

我国多层次医疗保障制度体系分为三个层次，包括主体、补充和托底部分。

医疗保障制度体系的主体为基本医疗保险和大病医疗保险。其中，基本医疗保险包括城镇职工基本医疗保险和城乡居民基本医疗保险，两项制度在参保范围上实现了覆盖全民。在基本医疗保险的基础上，为了解决大额医疗费用给参保人带来的经济负担，我国实施了大病医疗保险，主要是报销基本医疗保险封顶线以上的部分费用，覆盖人群以城乡居民为主。城镇职工大病医疗保险目前在各省份并没有全面开展。由于我国医疗保险制度属于社会医疗保险的性质，因此不能实现完全免费（获百分之百的报销），仍有部分医疗费用需要参保人自付，这就需要补充医疗保险制度和针对贫困人员的医疗救助制度。

补充医疗保险一般是在国家政策的鼓励下，由地方政府实施、企事业单位自愿开展或个人自愿购买等形式提供的补充医疗保险。常见的补充医疗保险为公务员医疗补助、企事业单位补充医疗保险、商业健康保险、特殊人群医疗保险等。企事业单位补充医疗保险有多种形式，可以由地方工会组织实施，也可以是单位自行与商业健康保险公司合作。

城乡医疗救助是我国医疗保障制度体系的托底部分，既包括政府对贫困人群和特殊人群的参保费用资助，也包括对贫困人群的医疗费用补助，一般由在基本医疗保险和补充医疗保险报销之后仍负担不起个人自付医疗费用的居民申请，由政府部门给予相应的救助。

二、医疗保险制度改革路径

（一）厘清边界：明确覆盖范围并强制实施

社会医疗保险制度应以明确的覆盖范围为目标指向，并采取强制实施的手段，否则会导致参保失序和权责关系混乱，甚至出现拒保、漏保、脱保、断保现象，进而直接影响全民医保目标的实现。因此，有必要明确法定居民医保的覆盖范围，改变现行的自愿参保方式。

1. 厘清职工与居民的身份界限

根据自 20 世纪末期建立城镇职工基本医疗保险制度之时延续至今的政策，职工基本医保强制实施的范围是与用人单位建立正规劳动关系的劳动者。这虽是一个很狭窄的范围，但在职工基本医保最初是作为国企改革的配套措施的历史情境下也是合理的选择。根据相关规定，无雇工的个体工商户、未在用人单位参加职工基本医疗保险的非全日制从业人员以及其他灵活就业人员可以参加职工基本医疗保险，由个人按照国家规定缴纳基本医疗保险费。因此，在实践中，凡不能或选择不参加职工基本医保的人均可参加居民医保。由此产生的不良效应至少包括：一是居民医保成了正规就业者之外所有人的制度安排，混淆了职业或社会劳动者与一般居民身份的界限；二是政府补贴泛化到涉及近 10 亿人，财政负担持续加重，真正需要政府补贴的低收入群体也因之无法获得更有效的保障；三是覆盖范围边界的模糊助长了不参保或脱保等现象。从优化并使法定居民医保制度走向成熟、定型的目标出发，须尽快厘清职工参保与居民参保的覆盖范围边界并调整参保政策，将居民医保覆盖对象明确界定为农村常住人口与城镇中的非社会劳动者，同时将包括灵活就业者等在内的城镇就业人员纳入职工基本医疗保险。未来，则以统一的国民基本医疗保险制度覆盖全民，即不再存在职工、居民身份之别，以家庭为单位参保，全民共享统一的基本医保制度。

2. 通过强制参保或自动参保实现稳定的全覆盖

在自愿参保下，总会有人因各种原因而拒保、漏保、脱保或断保，结果必然不是全民参保。为了确保制度的稳定和有效全覆盖，居民医保应当实施强制或自动参保，即明确要求覆盖范围内的所有城乡居民均须参保。将居民医保"自愿参保"变成"强制或自动参保"不仅是法定医保制度的内在要求，而且具备有利条件，因为目前财政补助占居民基本医保基金收入的六成以上，再加上不断增长的由财政支撑的医疗救助资金，政府实际上掌握改革的主动权。

（二）优化筹资机制：遵循规则并实现可持续发展

1. 改变个人筹资机制

从按人头定额缴费转向与收入关联型缴费制。即遵从医保制度客观规则，根据参保人收入水平来确定其缴费水平。相关研究表明，如将费率设置在不增加城乡低收入人群现有缴费负担的水平上，个人缴费总额也可增加一倍多，个人和政府筹资责任将基本均衡，当年基金收入可增加约四成。可见，如能在深化改革中将参保人的缴费与收入挂钩，不仅意味着医保筹资公平性的提高，还有助于医保基金规模的持续扩大、医保制度保障能力和可持续性的稳步提升。同时，采用收入关联型缴费制还为统一居民与职工两大基本医保制度创造了条件，在未来实现以一项基本制度覆盖全民的目标后，可以家庭为单位参保，遵循有收入者缴费、无收入者依附其供养人参保的原则。

2. 改造政府补贴机制

改造政府补贴机制，实现参保地与受益地的匹配。在厘清职工与居民身份界限的基础上，地方财政应当依据常住人口数对居民医疗保险实行全口径财政预算补贴，以此适应我国人口流动性高、人户分离常态化的现实，实现常住地参保、常住地受益。待省级统筹实现后，则在省内建立统一的预算机制，可从中央财政补贴中切出一块用于省际调剂。

3. 提高统筹层次

提高统筹层次，进一步发挥互助共济功能。法定医保的统筹目标是省级统筹，而大多数地区的居民医保事实上还停留在市县级统筹层次。需要进一步提高居民医保基金的统筹层次，最终实现省级统筹，以此增强制度的互助共济性和医保基金的风险承担能力。

（三）理顺经办机制：集中统一，规范运行

1. 明确界定医保经办机构的性质与职责

基于国际经验和医保制度的内在要求，医保经办机构应是专责医保制度实施与运营的特别法人。考虑到我国现阶段实际情况，独立法人化一时难以实现，有两种方案可供选择。一是将医保经办机构统一定为参公管理机构，其管理与运行经费由财政足额保障；二是将医保经办机构统一定为公益二类，允许从医保基金提取一定比率的管理经费，使其增强自主性和提升运行效率的动力。在两种方案下，医保经办机构都须统一接受医保行政部门监管，同时明确其行政级别按照社会保险经办机构执行。国家层级应当尽快出台相关行政法规或权威的政策性文件，统一医保经办机构的职责，由其全责承担基本医保制度的完整实施任务，并允许各统筹区域根据城乡有别原则，以服务对象多寡及变化为依据，自主配置经办力量。

2. 明确医保经办机构与相关主体的关系及处理规则

基于现实，有必要进一步清晰界定医保行政部门与经办机构的职责，前者的职责应是制定和细化相关政策、依法实施有效监管，而后者则是全责承担制度实施的任务。同时，按互利合作原则重构医保经办机构与定点医药机构的关系，积极探索经办机构与医药行业组织订立统一规则或签订协议的做法，以此强化医疗、医药行业自律，促使医疗、医药系统各循其规、各尽其责、协同发展。此外，还需要厘清市场主体参与医保经办的边界，在保障信息安全的前提下，可采取委托或外包方式吸引市场主体介入医保运行监管，委托第三方评估医保经办绩效等。国家层级应列出委托经办的项目、环节及具体事务清单，以指导地方实践。

第二节　我国基本医疗保险筹资模式比较

一、基本医疗保险筹资模式比较

目前，我国基本医疗保险制度由城镇职工基本医疗保险制度和城乡居民基本医疗保险制度两大体系构成，二者由于制度的覆盖人群范围不同，其筹资模式有较大的区别，具体见表3-1。

表3-1　我国基本医疗保险制度筹资模式比较

筹资模式	城镇职工医疗保险	城乡居民医疗保险
筹资主体	职工个人和单位 无雇工的个体工商户、部分非全日制从业人员、灵活就业人员等个人缴费也可参加职工医保	城乡居民和政府 享受低保的人、低收入家庭60周岁以上的老年人和未成年人、丧失劳动能力的残疾人等居民个人不需要缴费，完全由政府补贴
基金构成	社会统筹和个人账户部分积累制（社会统筹部分采用现收现付式，个人账户部分采用完全积累式）	社会统筹
筹资水平	各省份制定职工个人医保缴费费率和单位医保缴费费率	各统筹地区制定个人医保缴费额度和政府补贴额度

二、城镇职工基本医疗保险筹资模式

城镇职工医疗保险制度在统筹区域范围内，由个人与所在单位通过缴费基数按比例共同出资，筹资秉承"以收定支，收支平衡，稳定增长，略有结余"的原则，并规定缴费年限等享受医保的原则。在筹资标准上，单位费率一般定在6%以上，个人费率则保持在2%。

城镇职工医疗保险制度实行社会统筹和个人账户相结合的制度。其中，职工个人缴费的全部纳入个人账户；用人单位的缴费分为两部分：一部分划入个人账户，一部分划入社会统筹账户。个人账户的资金属于完全积累制，社会统筹基金采取现收现付制。因此，职工医疗保险的基金积累方式属于部分积累制。职工医疗保险的个人账户用于支付门诊费用；社会统筹账户用于互助共济、支付住院医疗费用。

三、城乡居民基本医疗保险制度筹资模式

在国家关于整合城乡居民医疗保险的意见中，提出城乡居民医疗保险坚持多渠道筹资，继续实行个人缴费与政府补助相结合为主的筹资方式，鼓励集体、单位或其他社会经济组织给予扶持或资助。按照基金收支平衡的原则，合理确定城乡统一的筹资标准。现有城镇居民医保和新农合个人缴费标准差距较大的地区，可采取差别缴费的办法，利用2~3年时间逐步过渡。在实际实施过程中，大部分地区的城乡居民医保都由个人缴费和政府补助相结合，其中个人缴费根据年龄的不同分儿童、学生、成年居民和老年居民等几种不同的缴费标准；考虑到城镇居民和农村居民的经济收入问题，成年居民的缴费标准有些地区分为两档或三档。

城乡居民医疗保险实行社会统筹，采用现收现付制模式。城乡居民医疗保险的征缴机构由于原居民医保和新农合管理部门的不同，因此征缴机构相对复杂，有些省份由人力资源和社会保障部门征缴，有些省份由卫生健康部门征缴。自2019年1月1日起，所有城乡居民医疗保险的征缴也都将由国家税务部门完成。

四、医疗保险筹资管理机构改革带来的影响

医疗保险筹资管理机构的统一，对我国基本医疗保险的筹资产生了重要影响。

一是在一定程度上缓解我国基本医疗保险筹资的压力。医疗保险管理机构的统一，能够促进医疗保险基金的筹集和管理更加精细化和高效化，进而提升职工基本医疗保险和城乡居民基本医疗保险基金的管理和使用效率，从而缓解经济新常态背景下基本医疗保险筹

资增长幅度有限的压力，缓解人口老龄化背景下医疗保险基金支出增长幅度大的难题，进而平衡医疗保险基金的供需矛盾。

二是有利于统一医疗保险的筹资政策，提高基本医疗保险的统筹层次，增强医疗保险制度的公平性。我国大部分地区的基本医疗保险以市级统筹为主，有的地区还处于县级统筹。较低的统筹层次势必导致医疗保险基金的管理分散，增加了管理成本和管理风险，也降低了医疗保险基金的运行和使用效率，不利于医疗保险基金的统筹调剂。国家医疗保障局的成立能够消除医疗保险基金分散管理的格局，将各项医疗保险基金统一管理能够提升医疗保险基金使用效率，统一的医疗保险管理信息系统能够大幅降低医疗保险制度运行成本，从而为将来制定统一的医疗保险缴费政策奠定基础。

三是为降低基本医疗保险的筹资水平提供可能。新成立的国家医疗保障局不仅具有管理医疗保障制度的职责，国家还赋予其对医疗卫生服务价格和药品价格管理的权限，也就是说医疗保险基金的收入和支出的价格水平在国家医疗保障局实现了统一管理，非常有利于控制医疗保险基金的支出。通过构建科学合理的医疗服务价格体系，统一的医疗保险筹资管理机构能够对药品价格、医疗服务等实现更加直接有效的管治，加大对当前存在的过度医疗、过度检查等医疗保险道德风险现象的监管和惩治力度，进而在一定程度上控制医疗保险费用的不合理支出，提高医疗保险基金的有效使用，增加医疗保险基金的结余。与此同时，我国建立了基本医疗保险药品谈判机制，通过谈判降低部分专利性强、价值高的医疗保险药品的价格，即使参保人享受到更高的医疗保障水平，也可以减少医疗保险基金的支出。医疗保险基金支出的减少反过来正为基本医疗保险筹资水平的下降提供了空间。

四是社会保险缴费负担只减不增。包括医疗保险在内的各项社会保险统一由税务部门征收，只是征缴机构的变化，并不会增加职工和单位的缴费负担。税务部门按照国家法律和地方政府的征缴政策进行征收管理，不会改变社会保险的缴费政策和筹资水平。因此，在政策不变的前提下，单位和个人的筹资水平不会发生变化，缴费负担也不会因征缴机构的变化而增加。

五是有助于提高医疗保险费的征缴效率。社会保险征缴机构的转变能够有效提升征缴效率和征缴能力，能够避免部分企业存在的不按实际缴费基数缴费、不给员工全员参保、拖欠医疗保险费等现象的发生，进而提高医疗保险的征缴总额。社会保险征缴机构的改革的目标就是构建具有职责清晰、征管流程规范、便民高效的社会保险费征缴体制，进而实现社会保险基金的安全、均衡和可持续增长。

六是有利于坐实社会保险缴费基数。社会保险费征缴改革之前，个人所得税和社会保险费的征缴分别由税务、人力资源和社会保障部门负责，社会保险缴费基数申报不实、管理征收的效率低等问题长期存在；统一了社会保险的征缴机构之后，实现了缴纳社会保险费和缴税的数据信息共享，有利于核实企业的社会保险缴费基数是否准确，进而更好地确定社会保险缴费基数。

第三节　我国基本医疗保险差异的分解研究

一、背景

随着医疗保险制度改革的推进，目前我国已构建覆盖全民的医保制度体系，由城镇职工基本医疗保险、城镇居民基本医疗保险和新型农村合作医疗制度构成。2014 年，国务院提出将城镇居民医疗保险和新型农村合作医疗两大制度合并为城乡居民基本医疗保险，这一政策保证了城镇居民和农村居民享受医疗保险的公平性。然而，城镇居民和城镇职工同样生活在城市，他们享受的医疗保险待遇却存在较大的差异。

医疗保险公平性问题一直是学术界关注的重点。随着三大基本医疗保险制度的实施，城乡居民医疗保险的非均等化以及城乡医疗保险制度的统筹成为近年来的焦点，而关于职工医保和居民医保的量化比较研究并不多见。

二、研究方法和数据来源

（一）指标选取和数据来源

根据指标的科学性、可得性和代表性的原则，这里研究选取医疗保险基金人均收入和医疗保险人均支出作为评价指标。医疗保险基金人均收入由每一年的医疗保险基金收入额除以对应年份医疗保险参保人数；医疗保险基金人均支出由每一年的医疗保险基金支出额除以对应年份医疗保险参保人数。

由于各省份的城镇居民医疗保险实施相对较晚，这里研究选取 2020—2022 年的统计数据。

在区域分解研究中，根据统计年鉴的分类标准，将我国分为东部、中部和西部，东部包括北京、天津、河北、辽宁、上海、江苏、浙江、福建、山东、广东、海南 11 个省、直辖市，中部包括山西、吉林、黑龙江、安徽、江西、河南、湖北、湖南 8 个省，西部包括内蒙古、重庆、广西、四川、贵州、云南、西藏、陕西、甘肃、青海、宁夏、新疆 12

个省（自治区、直辖市），不包括港澳台地区。

（二）研究方法选择

由于泰尔指数具有把整体差异性分为组内与组间差异的特性，被广泛用于区域整体差异和区域间差异的实证研究。由于这里研究的是职工医保和居民医保制度间的整体差异，以及每种制度内部的区域差异，因此选择泰尔指数较为合适。泰尔指数也称为泰尔熵标准，是由泰尔利用信息理论中的熵概念来计算收入不平等而得名。本部分泰尔指数的计算公式如下：

$$T = \sum_{i=1}^{n} F_i \log \frac{F_i}{P_i} \qquad (3-1)$$

以计算参保人数为权重的医疗保险基金人均收入泰尔指数为例解释公式（3-1），T 表示泰尔指数，i 表示省份，n 表示省份总数，P_i 为各省份职工或居民医保参保人口数占全国或对应地区（东、中、西部）参保人口总数的比重，F_i 为各省份职工或居民医保基金人均收入占全国或对应地区人均收入总量的比重。泰尔指数值越高表示差异越大，也即公平性差；指数值越低表示差异越小。

泰尔指数分解的计算方法：

$$T_{总} = T_{组间} + T_{组内} \qquad (3-2)$$

$$T_{组间} = \sum_{k=1}^{m} F_k \log \frac{F_k}{P_k} \qquad (3-3)$$

$$T_{组内} = \sum_{k=1}^{m} F_k T_k \qquad (3-4)$$

公式（3-2）、式（3-3）和式（3-4）中 $T_{总}$ 表示职工医保和居民医保的总泰尔指数；$T_{组间}$ 表示组间的差异，即职工和居民医疗保险两种制度之间基金人均收入的差异；$T_{组内}$ 表示组内差异，即职工和居民医疗保险各制度内部之间基金人均收入的差异；k 表示分组；m 表示分组的总数。在该研究中 $m=2$，即分为职工医保和居民医保两组。P_k 为各组医保参保人口数占两组总参保人口的比重，F_k 为各组医保基金人均收入占两组人均收入总量的比重。T_k 表示各组内部的泰尔指数，计算方法同公式（3-1），$T_{组内}$ 实际上是对 T_k 用人均收入进行加权后的组内差异，后文中的组内差异都是指 $T_{组内}$。

进一步分析泰尔指数的贡献率。通过贡献率大小可解释城镇职工和城镇居民基本医疗保险之间的差异来源因素，计算公式如下：

$$组内差异贡献率 = T_{组内}/T_{总} \qquad (3-5)$$

$$组间差异贡献率 = T_{组间}/T_{总} \qquad (3-6)$$

（三）统计学意义检验

通过泰尔指数比较职工医保和居民医保相关数据的差异，因此有必要对不同组数据的差异进行显著性检验，看是否具有统计学意义。

检验的具体数据有：①检验职工医保和居民医保基金人均收入、人均支出在不同年份的变化是否具有统计学意义；②检验医保基金人均收入、人均支出在职工医保和居民医保制度之间的差异是否具有统计学意义；③检验职工医保和居民医保基金人均收入、人均支出在东部、中部和西部区域间的差异是否具有统计学意义。

检验方法：首先利用 SPSS 软件对相关数据进行正态分布检验，如果符合正态分布，采用卡方检验；如果不符合正态分布，采用非参数检验方法。

三、相关策略

（一）提高统筹层次，降低职工医保制度内部差异

根据上述分析结果可知，首先职工医保内部差异大于居民医保内部差异，也即我国各地城镇职工医疗保险的基金人均收入和支出水平有较大的差距。职工医保内部泰尔指数进一步分解，可知差异来源于西部地区之间的差距，其次为区域间差距。从西部地区职工医保基金人均收入和支出的数据来看，西藏和青海的水平远远高出西部其他地区。区域间差异主要源于东部、中部和西部地区之间的差异。分析原因在于医疗保险统筹层次低，导致各区域以及各地区之间医疗保险水平的差异较大。

医疗保险统筹层次低，不仅导致各地医疗保险水平不一，而且不利于流动人口医疗保险关系的转移接续。因此，国家应制定了提高医疗保险统筹层次的进度表，要求各级政府明确责任、循序渐进，从市级统筹到省级统筹逐步过渡，为实现全国统筹奠定基础。

（二）强化医疗保险绩效考核，提升城镇基本医疗保险制度的公平性

中央政府应将该项工作与地方政府政绩考核挂钩，制定明确的医疗保险绩效考核指标体系并实施目标管理考核办法，对没有按时完成指标的地方政府给予一定的警戒或惩罚，并适时对各地城乡居民医疗保险基金的人均收入和人均支出水平进行排名并予以公开。

通过强化医疗保险绩效考核机制和管理办法，进一步加强各地政府对医疗保险统筹工作的重视程度，加快医疗保险统筹的进程，进而促进城乡医疗保险公平度的提升。

第四节 我国城镇职工医疗保险待遇的地区差异研究

一、背景

随着我国基本医疗保险制度的深入推进，医疗保险公平性问题成为关注的焦点，但研究多集中于城乡居民医疗保险公平性的评价与改进。我国城镇职工基本医疗保险制度自20世纪末期实施以来，各地根据国家规定制定实施细则，不同地区之间医疗保险待遇水平存在差异，这对医疗保险统筹层次提高和医疗保险关系转移接续都造成一定的不利影响。这里研究综合运用基尼系数和泰尔指数评价我国城镇职工医疗保险待遇的公平性，既为相关部门制定政策提供参考，也进一步探讨医疗保险公平性定量评价方法的应用。

二、资料和方法

（一）资料来源

采用2016—2022年我国各地区城镇职工医疗保险（以下简称"职工医保"）的相关数据。根据统计年鉴的分类标准，将我国分为东部、中部和西部，东部包括北京、天津、河北、辽宁、上海、江苏、浙江、福建、山东、广东、海南11个省、直辖市；中部包括山西、吉林、黑龙江、安徽、江西、河南、湖北、湖南8个省；西部地区包括内蒙古、重庆、广西、四川、贵州、云南、西藏、陕西、甘肃、青海、宁夏、新疆12个省（自治区、直辖市），不包括港澳台地区。

医疗保险待遇水平是评价医疗保险公平性的关键，因此，选择职工医保基金人均支出作为评价指标。由《中国统计年鉴》得职工医保的参保人数和职工医保基金支出，然后用各地当年职工医保基金支出除以各地当年参保人数，得出各地当年职工医保基金人均支出。

（二）研究方法

1. 研究方法的选择

选用基尼系数和泰尔指数分别测算职工医保基金人均支出的公平性。基尼系数是评价公平性的方法，能够很好地反映总体样本的不公平性，但无法对不公平性的来源进行分解。泰尔指数具备的最大优点正是能够对不同样本组之间的差距进行分解。因此，这里采用两种方法分别测算，做到互补对应。

泰尔指数包括 Theil-T 和 Theil-L 两个代表性指标。泰尔 T 指数用收入比重进行加权，对上层收入水平的变化敏感，也即对职工医保基金人均支出较高水平的变化敏感。泰尔 L 指数用人口比重进行加权，对底层收入水平的变化敏感，也即对职工医保基金人均支出较低水平的变化敏感。鉴于基尼系数对低收入阶层的收入比重的变化不敏感，因此这里综合运用三种指数能够更深入地探讨职工医保基金人均支出的公平性问题，通过测算泰尔 L 指数与基尼系数进行互补，而泰尔 T 指数与基尼系数正好呼应。

2. 基尼系数的测算

基尼系数有多种计算方法，根据相关文献的推荐，采用下面的计算方法：

$$G = \sum_{i=1}^{n} P_i F_i + 2 \sum_{i=1}^{n-1} P_i (1 - S_i) = 1 \qquad (3-7)$$

式（3-7）中，G 表示基尼系数，P_i 为各地区职工医保参保人口数占全国或对应地区参保人口总数的比重，F_i 为各地区职工医保基金人均支出占全国或对应地区人均支出总量的比重，S_i 为按职工医保人均支出排序后 F_i 从 $i=1$ 到 i 的累计数。基尼系数用于医疗保险公平性评价研究时，当 $G=0$ 时表示处于绝对平均状态，当 $G=1$ 时表示处于绝对不平均状态。一般认为，基尼系数在 0.3 以下为最佳平均状态，在 0.3~0.4 为正常状态，超过 0.4 为警戒状态，达到 0.6 以上则为高度不公平状态。

3. 泰尔指数的测算

本部分中 Theil-T 和 Theil-L 两个指数（下面文中分别用 T 和 L 表示）计算方法的区别仅在于加权的比重指标不同，具体计算方法如下：

$$T = \sum_{i=1}^{n} F_i \log \frac{F_i}{P_i} \qquad (3-8)$$

$$L = \sum_{i=1}^{n} P_i \log \frac{P_i}{F_i} \qquad (3-9)$$

公式（3-8）和式（3-9）中符号的含义与公式（3-7）中相同，不管是 T 指数还是 L 指数，指数越高都表示越不公平，指数越低表示越公平。

泰尔指数可以分解为 Theil-T 和 Theil-L 两个指数，两个指数的分解原理是一致的，下面以泰尔 T 指数为例，表述泰尔指数分解的计算方法。

$$T_{总} = T_{组间} + T_{组内} \qquad (3-10)$$

$$L_{组间} = \sum_{k=1}^{m} F_k \log \frac{F_k}{P_k} \qquad (3-11)$$

$$T_{组内} = \sum_{k=1}^{m} F_k T_k \qquad\qquad (3-12)$$

公式（3-10）（3-11）和（3-12）中，$T_总$ 表示全国的总体差距，$T_{组间}$ 表示区域间的差异，即我国东、中、西部各地区之间职工医疗保险基金人均支出的差异；$T_{组内}$ 表示区域内的差异，即我国东、中、西部各地区之间职工医疗保险基金人均支出的差异；F_k 为各区域职工医保基金人均支出占全国的比重，P_k 为各区域职工医保参保人口数占全国比重；T_k 表示各区域内部的泰尔指数，计算方法参照公式（3-8），$T_{组内}$ 实际上是对 T_k 用人均支出进行加权后的组内差距，区域内差距都是指 $T_{组内}$。

三、医疗保险公平性评价方法的应用讨论

这里综合运用基尼系数、泰尔 T 指数和泰尔 L 指数来分析医疗保险的公平性，从结果看三种方法是相呼应的。从基尼系数的测算结果可看出中部各地区基尼系数是最小的，而不管泰尔 L 指数还是泰尔 T 指数都进一步验证了这一结果。基尼系数测算，则以西部各地区的基尼系数最高，这与泰尔 T 指数的结果一致，也说明基尼系数和泰尔 T 指数都对上层收入水平变化敏感。泰尔 L 指数的测算结果指出，全国总差距来源于东部各地区间的差距，这也验证了泰尔 L 指数对底层收入变化敏感的特点，测算结果与泰尔 T 指数和基尼系数正好互补。

因此，要评价医疗保险的公平性，单纯采用一种方法难以全面说明问题，而综合采用基尼系数和泰尔指数来验证我国城镇职工医疗保险的公平性问题是科学合理的。

第四章 医疗保险费用的支付方式

第一节 医疗保险费用支付方式概述

一、医疗保险费用支付方式的概念

费用支付方式广泛存在于经济领域，例如"一手交钱、一手交货""计件付费""整体打包付费"等。这里所要阐述的医疗保险费用支付方式（简称"医保支付方式"），是指医保机构向医疗服务机构购买服务，支付医疗费用的一种核算、结算方式，它反映的是医保与医疗服务供方之间的关系。因此，医保支付方式与待遇支付是内涵完全不同的两个概念。

医疗保险费用支付方式所涉及的核心问题是依据什么付费，概括地说，是以投入要素为依据，还是以产出结果为依据来支付医疗费用。如果是前者，就称为"后付制"（retrospective payment system）；如果是后者，就称为"预付制"（prospective payment system）。"后付制"和"预付制"是医疗保险领域的两个专业术语，其中，"后付制"主要是指按服务项目付费，"预付制"则主要指按人头付费、按服务单元付费、总额预付制、按病种付费等。

二、医疗保险费用支付方式的意义

"两线一段"不仅是约束参保人道德风险的重要机制设计，而且作为参保人医保待遇支付的一部分，"两线一段"还决定着医保能够为参保人提供何种水平的保障待遇，反映的是医疗保险机构与参保人之间的关系。在信息不对称情况下，医保如果无条件地向参保人提供过高的保障待遇，将诱发参保人严重的道德风险，出现"小病大养"等过度利用医疗服务的现象。所以，医保机构通过设置"起付线""封顶线""共付段"等约束条件，要求参保人就医时自己承担一部分医疗费用，其主要目的是为了抑制参保人的道德风险。

与"两线一段"制度不同，医疗保险费用支付方式的主要目标是，解决医疗服务供方或医院道德风险的应对机制问题。现代医疗服务市场上存在三个主体：一是以医院为核心的医疗服务机构，它们是医疗服务的供给主体；二是作为医疗服务购买主体的医保经办单位；三是参保患者，他们是医疗服务的需求主体。在医保体系中，由于三个主体的地位、目标和利益不完全相同，因此，三者之间呈现某种复杂关系。首先，医院希望通过医保支付获取更多的业务收入；医保则面临着控制医保基金收支平衡的压力，因此，医保机构与医院之间在控制医疗费用快速增长方面存在着利益的不一致性。其次，医疗服务市场又是供方或医院主导的，患者利用医疗服务的类型和数量在很大程度上取决于医院或医生，医疗服务供方很可能为了追求自身利益而发生道德风险。抑制医疗服务供方的上述道德风险，是医疗保险支付方式改革最主要、最核心的目的。

三、中国医疗保险费用支付方式的改革进程

在医保改革过程中，中国一直把优化医保支付方式作为改革的重要内容之一。早在 20 世纪末期，中国城镇职工基本医疗保险制度建立之初，有关部门就已经意识到支付方式的重要性。在《关于印发〈加强城镇职工基本医疗保险费用结算管理意见〉的通知》（劳社部发〔1999〕23 号）中，首次明确了基本医疗保险费用支付方式的总体选择方向，即"基本医疗保险费用的具体结算方式，应根据社会保险经办机构的管理能力以及定点医疗机构的不同类别确定，可采取总额预付结算、服务项目结算、服务单元结算等方式，也可以多种方式结合使用。各地要根据不同的结算方式，合理制定基本医疗保险费用的结算标准，并在社会保险经办机构和定点医疗机构签订的协议中明确双方的责任、权利和义务"。

中国医保制度建立之初，医疗保险费用的支付方式一直采用按服务项目付费。但是，随着医疗技术进步、医保覆盖面扩大、医保待遇水平提高，以及医生和患者道德风险频发，导致医疗保险基金不堪重负。为了增强医保对医疗供方行为和医疗费用的管控能力，21 世纪相继出台了一些政策，人力资源和社会保障部出台的《关于进一步推进医疗保险付费方式改革的意见》（人社部发〔2011〕63 号）提出："以医保付费总额控制为基础，结合门诊统筹探索按人头付费的支付方式，针对住院和门诊大病探索按病种付费的支付方式。"相关部门制定了《关于开展基本医疗保险付费总额控制的意见》（人社部发〔2012〕70 号），要求通过两年时间，在全国基本医保范围内推广实施总额预付制。然而，在总额预付制的实施过程中，医院出于缓解院方压力的考虑，将控费指标层层分解、逐级下达到各科室和医生，造成医疗服务数量和质量下降，甚至出现推诿患者的现象。国务院办公厅印发《关于进一步深化基本医疗保险支付方式改革的指导意见》（国办发〔2017〕55，明确指出医保支付是基本医保管理和深化医改的重要环节，是调节医疗服务行为、引导医疗

资源配置的重要杠杆；提出"要全面推行以按病种付费为主的多元复合型医保支付方式。对于住院医疗服务，主要按病种、按疾病诊断相关分组（DRGs）付费，长期、慢性病住院医疗服务可按床日付费；对于基层医疗服务，可按人头付费，积极探索按人头付费与慢性病管理相结合；对不宜打包付费的复杂病例和门诊费用，可按服务项目付费。探索符合中医药服务特点的支付方式，鼓励提供和使用适宜的中医药服务"。

所以，在过去多年里，医保支付方式改革一直是中国医保改革工作的重心，全国各地按照国务院确定的目标和原则，对医保支付方式改革进行了积极、有益的探索，积累了丰富的实践经验。

第二节　后付制

一、后付制的含义

后付制，又称为"按服务项目付费"，或"按投入要素付费"，是指医疗保险机构根据医疗服务供方提供的服务项目（如诊断、治疗、化验、药品、麻醉、护理等）或投入要素的数量进行付费，提供的服务项目越多，医保基金支付的就越多。需要强调的是，后付制和预付制的差异不在于支付时间的先后，而在于支付的依据是什么。如果是依据投入要素付费，就是后付制；如果是依据产出结果付费，就是预付制。在预付制下，医疗机构也可以先提供医疗服务，医保机构再支付医疗费用。

二、后付制的适用条件

在日常经济生活中，最常见的付费方式是按产出结果付费，而非按投入要素付费。消费者购买一件商品，往往不会考虑该商品生产最终投入了多少生产要素，而是根据商品的整体价格和质量付费。以工业产品定价为例，市场一般是根据产品整体使用价值来定价或按产出结果付费的，而不会考虑该商品的投入要素数量进行定价。如果根据投入要素定价，企业必然缺乏成本控制的动力。相比之下，按产出结果付费就有着明显优势，买方只须关注产品价格和产出质量，不用计较具体投入了多少生产要素，尤其是对一些标准化产品，例如电子产品、家用电器等，由于市场竞争已经使同类产品形成了相对稳定的市场均衡价格，购买者只须关注产品质量就可以完成交易。所以，在市场交易中，按产出结果付费具有两个方面的优点：一是有利于减少交易次数，买方不需要与卖方就投入要素情况讨价还价，只需整体定价，从而降低了买方的交易成本；二是可以激励供方降低生产成本，严格控制生产要素投入，增强自己产品在市场上的竞争能力。

然而，在医疗领域中，使用时间最早、应用范围最广的支付方式，恰恰又是按投入要素付费的后付制，即患者根据医生或医院提供的诊疗、检查和护理等项目数量付费的方式。医疗领域之所以长期采用后付制而非预付制，主要有两方面的原因：一方面，由于医疗领域存在着较大的不确定性，特别是治疗结果的不确定性，导致难以对某一疾病进行事先定价收费；另一方面，更重要的原因是，治疗结果难以观测和验证，患者对治疗质量的认知往往带有很大的主观性。

在医疗付费实践中，如果选择按产出结果付费的预付制，患者就有可能谎称治疗无效而逃费或拒付费；医生（医院）则相反，往往会夸大治疗效果；第三方机构则无法对某些治疗效果进行观测和鉴定。当医患双方很难就治疗效果达成一致意见时，医疗服务就无法像其他产品交易一样采用按产出结果付费的预付制。换言之，在医疗领域采用按治疗结果付费的预付制方式，往往是非常困难的。相比之下，在疾病治疗过程中，由于各种投入要素的数量和质量是可观测、可验证的，而且可操作性更强。因此，采用依据投入要素或按服务项目付费的后付制，就成为历史最悠久、使用范围最广泛的支付方式。即使是在总额预付制和 DRGs 等支付方式出现以后，后付制仍然不失为医保支付的一种重要方式。

当然，随着现代医学技术进步，出现了越来越多的先进诊疗技术，特别是循证医学的发展和临床诊疗路径的规范，使得少数疾病的治疗过程得以标准化，并可以对医疗服务项目进行打包，按治疗流程和治疗阶段进行付费，就为后付制开始转向预付制，推行按产出结果付费的预付制创造了条件。不过，由于目前大多数疾病的治疗过程还难以实现标准化，所以，按服务项目付费的后付制仍将被广泛应用。

三、后付制的弊端

在按服务项目付费的后付制下，医疗机构的收入规模是与医疗服务的项目数量直接挂钩，这种利益关系既造成医疗机构普遍缺乏成本控制意识，也容易引发医疗机构过度服务、高额收费的动机，从而诱发医疗服务供方的道德风险，例如，医生在诊疗过程中"滥开大处方""滥开检查单"等。显然，后付制容易导致医疗资源浪费，医疗费用不合理增长，加大医保基金支出压力。同时，后付制还会大幅度增加医保经办机构的审查工作量及相应的管理成本。

在医疗保险制度建立之前，虽然也存在医生的"诱导需求"及其道德风险问题，但在20 世纪 30 年代以前，一方面，由于诊疗手段比较落后，即使是对一些能够诊断的疾病，也因医学技术限制而无法治疗，所以，"诱导需求"问题似乎并不严重。20世纪30年代以后，随着医疗技术快速进步，新诊疗技术和新药品不断涌现。例如，核磁共振（MRI）、人工移植和内视镜检查法的出现，以及抗生素的普及，使很多过去难以治疗的所谓疑难杂症有了治愈的可能。另一方面，新技术和新药品往往在上市初期价格昂贵，医疗机构出于投资发展和增加未来收入的考虑，往往争相购买先进的大型医疗设备（如CT、肾透析仪等）和使用昂贵药品，同时，鼓励医生滥开"大处方""检查单"，以期增加收入，加快收回投资成本。在这种情况下，如果采用按服务项目付费的后付制，需求诱导和过度医疗的道德风险问题必然会越来越严重，最终导致医疗费用不断攀升。

后付制的弊端不仅在于医生的道德风险，更严重的还会助长医患合谋的道德风险。在医疗保险出现以前，医疗费用全部由患者独自承担，不存在第三方支付，因此，不会出现医患合谋现象。但是，医疗保险制度建立之后，由于引入了第三方付费机制，由医保机构向医疗服务提供方支付医疗费用，如果仍然采用按服务项目付费的后付制方式，结果就可能大不一样。在现行医保体制下，医疗服务供方与医疗保险机构在控制医疗费用方面存在着利益不一致，因此，供方或医院为了获得更多的医保支付，在诊疗过程中，不仅有可能提供某些不必要的医疗服务，出现供方或医院的道德风险，而且由于医患双方都存在过度利用医疗服务的动机，医患双方很容易形成合谋，致使过度医疗问题越来越严重。

针对按服务项目付费的后付制存在的上述弊端，有必要也有可能对现行医疗保险费用支付方式进行改革。一是为了控制医疗费用过快增长，医保部门具有改革的压力和动力；二是医保机构作为购买大户，具有与医院等医疗机构进行谈判和讨价还价的能力；三是随着医学技术进步，某些疾病治疗过程可以实现标准化，并借鉴按产出结果付费的预付制方式，实行打包付费，这也为支付方式改革提供了路径条件。

国际上关于医保支付方式的改革做法，大多是根据不同医疗服务的特点，分别采用不同的支付方式。总的发展趋势是，实行以总额预付制、按病种付费等预付制为主体，并辅之以按服务项目付费的复合型支付方式。医保支付方式的改革趋向表明，各国并未摒弃按服务项目付费的后付制，而是将后付制与预付制进行搭配使用，按项目付费的后付制一般用于那些不宜打包付费的复杂病例和门诊费用。

就我国情况看，国家有关部门早在医疗保险制度建立之初，就考虑到了按项目付费的后付制弊端，一开始就对基本医疗保险支付范围内的药品、诊疗项目、医疗服务设施范围和支付标准做出了严格规定，形成了《基本医疗保险药品目录》《基本医疗保险诊疗项目目录》《基本医疗保险服务设施目录》，并按照"谁买单，谁点菜"的原则，加强对医疗费用的严格控制。显然，通过制定医保目录，规定医保支付范围，在一定程度上有效约束了供方或医院，减少医患合谋的道德风险。

第三节　预付制

一、按人头付费

（一）按人头付费的含义

按人头付费是指医疗保险机构按照单个自然人定额付费，并在一定时期内（一个月、一季度或一年），按照一定人数，实行医疗费用支付包干制。医疗保险机构按照与医疗机构之间合同约定的服务对象、服务项目和每人偿付标准，向提供医疗服务的医疗机构支付医疗服务费。

（二）适用条件

按人头付费一般用于门诊服务和家庭签约医生服务等全科类医疗费用的支付。由于采用包干制，预先确定了人均费用标准，医疗服务机构的收益主要取决于约定的人头费用总额与实际医疗费用总额之间的差额。这样，从医疗保险机构看，只需要事先确定好参保人数和每个人的偿付定额标准，不需要考虑最终可能发生的医疗费用，这实际上是将费用超支的风险转移给了医疗服务机构。从医疗服务机构来说，享受服务的参保人数越多，自己的收入越多，从而对医疗服务供方形成激励机制，鼓励供方签约更多的参保人，以增加医疗业务量。另外，由于单位收费标准是既定的，医疗服务机构在努力增加服务人数的同时，还必须尽可能考虑如何减少医疗开支，加强成本控制，特别是要考虑如何积极开展预防保健服务，减少不必要的诊疗项目。

按人头支付模式的突出优点是，特别适合于基层医疗服务支付。一是在采用打包付费的制度下，基层医疗服务供方会积极开展健康体检、健康教育等活动，尽可能地降低发病率，这样不仅可以减少医疗开支，而且对于慢性病可以起到积极的防控作用。二是有利于分级诊疗制度和家庭医生签约服务制度建设。基层医疗卫生机构在推行门诊统筹、按人头付费办法的过程中，可以从糖尿病、高血压、肾功能衰竭等慢性病的治疗入手，开展特殊慢性病按人头付费，鼓励医疗机构做好健康管理。例如，天津市全面推广了糖尿病按人头付费办法，即规定全市承担糖尿病健康管理任务的所有二级及以下医疗机构，都要按照按人头付费原则，为患者提供医疗服务。

按人头付费也存在某些制度缺陷，主要表现在两个方面：一是医疗机构为了降低医疗成本，在服务对象签约环节，往往偏向于选择健康状况较好的患者，而不愿意为疾病风险较大的参保人提供服务；二是在签约人数和预算总额为一定的情况下，医疗服务机构的盈利状况主要取决于医疗成本高低，所以，有些医疗服务机构对于既定服务对象趋向于控制服务项目，甚至推诿病情较为严重的患者。

针对上述问题，如何完善按人头支付办法，首先，需要建立医疗保险机构与医疗服务机构之间的谈判机制，确定服务的参保人数、每人偿付定额标准以及费用支付周期等。其次，需要根据参保人的年龄、性别、慢性病发病率等因素，建立风险调整机制，不能采取"一刀切"办法，将整个人群的平均付费标准作为统一的偿付标准。否则，医疗服务机构将可能拒绝为那些患病风险较大的人群（如老年人）提供医疗服务。最后，还需要赋予参保人对定点医疗机构的选择权。各个医疗服务机构为了增加收入，需要争取更多的签约人数，他们之间必然展开争夺参保人的服务竞争，从而推动医疗服务机构不断提高自身的医疗服务质量。

（三）实践经验

国际上，一些国家很早就开始尝试按人头付费办法，典型的如英国全科医生制度。全科医生作为"社区守门人"，负责提供初级卫生保健服务。政府采用按人头付费的方式，根据每个全科医生的签约居民人数和固定偿付标准，向全科医生预付费用，全科医生则负责为签约居民提供一年的初级卫生保健服务。全科医生制度引进市场竞争机制，居民可以自由选择家庭医生，医生为了吸引更多居民签约，必须不断提高医疗服务水平。在英国，实行严格的全科医生首诊制，患病居民必须先经全科医生诊疗；需要转诊的，再由全科医生开具转诊单；不经转诊的，英国国家医疗服务体系（National Health Service，NHS）将不支付医疗费用。全科医生在同意转诊环节，需要向受诊的二级医疗机构支付一笔固定的转诊费。这种转诊付费机制促使全科医生十分重视居民疾病预防，以尽可能减少转诊人数、降低医疗费用支出。

在中国，按人头付费办法始于 21 世纪初在杭州、上海、镇江、珠海等地进行的改革探索。21 世纪初，杭州市出台了《退休人员门诊医疗费社会统筹暂行办法》和《退休人员门诊医疗费社会统筹管理办法》，对退休人员的门诊医疗服务采用按人头付费，门诊医疗实行定点管理。退休人员在劳保部门确定的门诊约定医疗机构中，可以选择两家作为本人的定点门诊约定医疗机构，其中一家必须是社区医疗卫生机构。退休人员的门诊医疗费用实行"协议管理、定额考核、弹性结算"，市医保经办机构根据约定医院的服务人数和门诊医疗费人均定额，按月向约定医院预拨医疗经费，年终结算。市人力资源和社会保障部门根据门诊医疗费的实际发生额，按不低于上年的标准，确定当年门诊医疗费的人均定额。

需要指出的是，按人头付费中的所谓"人头数"，指的是签约参保人数，而非到定点医疗机构就诊的人员数。在实际就诊过程中，签约参保人中可能有一部分人在一定时间内就不曾去定点医疗机构看病；相反，另一部分人则可能到定点医疗机构多次就诊，因此，两种"人头数"不能混淆。这种区分的意义在于，如果是按照定点医疗机构就诊人数作为付费依据，就难以发挥人头支付的控费作用，还会导致医疗机构推诿复诊病人，诱导更多初诊患者，以增加就医人数，甚至产生过度医疗问题。

按人头付费方式多用于基层医疗卫生服务，且多用于门诊付费。因此，在分级诊疗体系和家庭医生制度的探索中，国家鼓励采用按人头付费的方式。一些有条件的地区也正在探索将签约居民的门诊基金按人头数支付给基层医疗卫生机构或家庭医生团队。患者需要向上级或专科医院转诊的，由基层医疗卫生机构或家庭医生团队支付一定的转诊费用，其目的是激励全科医生以高质量的医术和医德，努力将患者留在基层享受便利的医疗服务。

二、按服务单元付费

（一）按服务单元付费的含义

按服务单元付费是一种常见的预付制支付方式，它是指医疗保险机构与医疗服务机构，根据谈判确定的日均住院费用标准或次均住院费用标准，来支付医疗费用的一种结算方法。首先，这种方法根据特定标准，将医疗服务全过程划分为若干个部分，每一部分即为一个服务单元。例如，一个门诊人次数、一个住院人次数和一个住院床日数等，均可构成一个服务单元。其次，在此基础上，医保机构根据往年数据，与医疗服务机构协商制定出每个服务单元的定额支付标准。对于同一医疗机构的所有单次门诊费用或单日住院费用而言，这一标准都是相同的和固定的。最后，医保机构根据每一个医疗机构提供的单元服务数量支付单元费用，总费用=平均单元服务费用×单元服务数量。按服务单元付费常用于按服务人次付费和按床日数付费。

（二）适用条件

按服务单元付费的适用范围比较广泛。其中，按服务人次付费既可用于门诊医疗费用支付，又可用于住院医疗费用支付；按床日付费一般适用于长期、慢性病住院服务。按服务单元付费的一个突出特点是"超支自负和结余留用"，具有预算包干特性。具体来说，假定一个住院床日的实际医疗费用超过了规定标准，那么超支部分将由医疗机构承担；反过来，如果实际医疗费用低于规定标准，其盈余部分也将归医疗机构所有。因此，按服务单元付费办法具有很强的激励和约束作用，医疗服务机构为了增加收入，会尽量降低单次医疗服务成本，减少不必要的用药和检查项目，减少过度医疗。此外，按服务单元付费还简化了医疗费用结算程序，操作方便，能够有效地降低医保经办部门的管理和监督成本。医保经办机构不再对诊疗服务项目进行逐一核查，代之以将主要工作集中于研究单元付费标准、关注患者投诉、监管医疗服务质量，以及分析病种分布变化等管理决策问题。

按服务单元付费办法虽有上述优点，但推广实施中的难点也是明显的，即如何规范医疗行为，防止医院分解服务次数、推诿重病患者。以按服务人次付费为例，由于次均服务费用标准是固定的，医疗机构的收入与医疗服务次数直接挂钩，其好处是可以激励医疗机构减少过度用药和不必要检查，主动降低次均医疗服务成本，积极控制次均医疗费用。但由此也产生两个弊端：一是由于门诊次数越多，医保支付就越多，因此，医疗机构可能通过分解门诊服务，增加服务次数来增加收入；二是医疗服务机构为了降低单元医疗服务成本，可能发生推诿严重病患者的情况。由于上述两方面缺陷，导致按服务人次付费并不能很好地解决医疗费用总额的控制问题。为了防范和解决这一问题，全国许多地区的实际做法是，在实施按服务人次付费的同时附加总额预付制，换句话说，总额"封顶"是按服务人次付费的基础和前提。

在按服务单元付费方式中，按病床日付费一般用于那些病情比较稳定、需要长期住院且住院床日费用比较稳定的疾病。例如，它适合于精神病、安宁疗护、医疗康复等疾病的长期住院治疗。相反，它不适合那些病情不稳、住院床日医疗费用变化较大、难以精确计算日均住院费标准的疾病。实行按病床日付费，将医疗服务的诊疗、用药和护理从过去的创收项目转变为成本因素，有利于激励医疗机构减少不必要的医疗服务，主动控制成本以增加收入。不过，在实际操作中，按床日付费办法也面临着两大难点：一个是怎样合理确定不同病种的平均住院日数和床日付费标准；另一个是如何加强对平均住院天数、日均费用以及治疗效果的考核评估。

与按服务项目付费相比，按服务单元付费在控制医疗费用过快增长方面的积极作用是明显的。同时，这种付费方式同样也存在缺点。由于医疗服务机构的医保付费收入是与医疗服务单元数量、人次数量或住院天数直接挂钩的，因此，在医疗服务过程中，难免出现机会主义倾向。例如，在实行按服务单元付费的情况下，医疗服务机构往往会分解医疗过程，以增加单元服务数量。在按人次付费的情况下，往往会发生"分解处方""二次住院"等现象。在按住院床日付费的情况下，医疗服务机构往往会故意延长患者住院时间，增加住院天数。总之，医疗服务机构为了控制成本、增加收入，总是"你有政策、我有对策"。

三、总额预付制

（一）总额预付制的含义

总额预付制，是指医疗保险机构根据年度预算总额对医疗服务机构支付医疗费用的一种结算制度。年度预算总额是由医疗保险机构与医疗服务机构通过谈判、协商确定的，医疗服务机构在年度预算额度内为参保人员提供医疗服务。总额预付制一般实行"超支自负和结余留存"，即医疗服务机构的年度医疗费总额如果发生超支，须独自承担；如果出现结余，则归医疗机构留用。实行总额预付制的目的，是通过整体打包付费的形式，对医疗保险基金进行预算管理和控制。

（二）适用条件

总额预付制主要适用于住院费用的支付。它有三个主要特点：一是医疗服务机构提供的医疗服务数量与医疗服务收入不挂钩，医疗服务机构为了加强成本控制，往往尽可能减少不必要的医疗资源开支，有利于控制医疗费用增长；二是总额预付制可操作性强，预算稳定，不受医保待遇调整政策的影响；三是有利于医疗保险机构降低管理成本，并将主要精力集中在预算制定和执行审核等管理上。

总额预付制能否取得预期成效，关键是能否合理确定预算总额。医保机构在确定预算标准时，往往要综合考虑区域参保人数、往年就诊患者数量、次均医疗费用、医疗技术进步和通货膨胀等因素。实际执行中，如果发生实际医疗费用超出预算标准的，其超支部分要由医疗服务机构自己承担，以便将医保费用控制在合理的增长范围之内（一般不超过医保基金收入的增长水平）。多数情况下，预算总额一般由医保机构直接分配给区域医疗服务机构，在允许参保人自由就医的情况下，医疗服务机构很容易出现实际医疗费用超支的问题，但医保部门的预算额度和医保基金的收支平衡则基本不受影响。所以，如果不考虑不同病种之间的费用差异，仅仅从费用控制的角度看，总额预付制还是一种粗放式的预付费制度，在无法精确计算具体病种治疗成本的情况下，它仍然不失为一种比较理想的费用支付方式。

总额预付制存在的主要问题：一是医疗服务机构为了有效控制成本，防止费用超支，实现结余留用，通常会人为控制住院率或缩短住院天数，推诿严重患者，导致医疗服务供给不足，甚至发生损害参保者利益的情况。二是预算标准难以科学、合理地确定。预算标准不论是定得过高或过低，都会产生负面效应。例如，预算标准过高，会造成医疗费用不合理增长；预算标准如果过低，将导致医疗服务供给不足，损害参保患者利益。因此，解决预算额度标准"定不准"的难题，就需要根据医疗服务需求的变化，及时调整预算，建立风险共担机制，一方面保障预算充足和医疗服务数量供给，另一方面又能够对医疗机构形成足够的预算压力，促使它们努力降低医疗成本。

四、按病种付费

（一）按病种付费的含义

按病种付费有狭义和广义之分，狭义的按病种付费也称为按单病种付费，是指医保部门对单一、独立的疾病治疗全过程的成本进行测算，按标准向医疗机构支付费用的一种方法。其中，单病种意味着不考虑合并症、并发症的情况。广义的按病种付费既包括按单病种付费，又包括按疾病诊断相关组付费（Diagnosis Related Group System，DRGs）。

DRGs 支付是这样一种付费方法，它首先综合考虑患者的年龄、性别、住院天数、临床诊断、病症、手术、合并症与并发症等情况，将临床过程相近、费用消耗相似的病例分配到同一个 DRGs 病组，在 DRGs 分组的基础上，通过科学的测算制定出每一个组别的付费标准，并以此标准对医疗服务进行预先支付。

（二）适用条件

按病种付费主要适用于诊疗明晰、临床路径规范、治疗效果明确的常见病和多发病的住院费用支出。按病种付费也是一种打包付费方式，采用"超支自负和结余留用"的原则，医疗机构的盈利水平与成本控制力度密切相关。在这种打包付费方式下，病人使用的药品、医用耗材和检查检验都属于诊疗服务成本，而非医院获取收益的手段。医疗机构为了取得合理的结余，需要降低诊疗过程中的各类资源消耗。所以，无论是按单病种还是 DRGs 付费，都可以激励医疗机构增强成本控制意识，在提供医疗服务中努力挖潜节支、提高诊断率、缩短住院天数，从而实现医保控费的目标，并大大减轻医保经办机构对医疗费用审核的工作量。

1. 单病种付费

在按病种付费方式中，单病种付费是最基本、最简单的形式，其支付标准通常是基于规范临床路径或历史费用水平计算得到的。单病种付费在选择具体适应病种时，主要考虑以下因素：一是疾病的发生频率。一般多选择发病频率较高的常见病和多发病。二是疾病治疗费用负担水平。在疾病发生频率相同的情况下，大多选择费用较高的病种。三是优先选择诊断过程规范、治疗效果明确的病种。四是尽量选择以手术治疗为主的疾病。手术治疗一般涵盖较多科室，能够反映医院的综合诊断和治疗水平，便于总结各个科室系统的单病种付费经验，为扩面推广奠定基础。

2. DRGs 付费

由于单病种付费不考虑并发症、合并症等因素，且容易产生大量的病种类别，操作较为复杂，因此，一些国家开始尝试按 DRGs 付费的方式。

DRGs 支付方式源于美国，它最早应用于医院管理，后来才用于医疗费用支付。从 DRGs 的起源和发展历程来看，DRGs 本身是一种医院管理工具，支付是衍生功能，它在作为绩效管理工具的过程中，引导医疗机构不断提高数据质量和对 DRGs 管理的适应性。随后的实践中，人们开始将 DRGs 用于调整医疗机构总额控制的指标或作为总额预算分配资金的关键参数，进一步引导医疗机构改善内部管理，提高病案等数据的质量和真实性，为其最后成为医保支付方式奠定了基础。

DRGs 作为医保支付方式，它首先是根据患者的年龄、性别、手术项目、并发症、合并症、住院时间、诊断内容、治疗效果等情况，将病人分成若干诊断组，每个诊断组又根据疾病的严重程度分为若干等级，然后对每一诊断组内不同等级的疾病制定相应的付费标准。同一诊断组中的每个病人均按照固定偿付标准支付费用。对有并发症的病人，医院可向医保申请追加支付，但不能超过固定偿付额的一定比例。

所以，DRGs 具有医院绩效管理和医保支付双重功能。从理论上讲，无论是医保机构出于控费的目的，还是卫生部门出于加强医院管理的目的，双方都有动力组织实施 DRGs。实践中，DRGs 成为医保支付方式以后，虽然更多的是由医保部门来负责实施，但作为医保的一种支付方式，DRGs 也是交易价格的一部分。显然，价格制定不能由一方决定，应该鼓励医疗机构积极参与。特别是医疗机构作为医疗服务的供方，在病种分组、病组定价方面，拥有更强的信息优势和专业优势。此外，同一种病组在不同等级医疗机构之间应该如何进行赋值，也需要各等级医疗机构积极参与平等协商和谈判。相反，如果仅仅由医保部门负责组织实施，很可能出现病种分组不合理、病组定价不科学等问题，很难让医疗机构满意，将直接影响 DRGs 的实施效果。所以，实施 DRGs 需要由医保部门牵头组织、医疗机构积极参与、双方进行平等对话协商，才能实现医保和医疗机构双赢的结果。

3. DRGs 付费和单病种付费的差异

DRGs 不同于单病种付费的主要特点：一是 DRGs 的出发点是承认疾病的复杂多样性、

患者个体的差异性，以及由此导致的多层次费用支付水平，因此，DRGs 的组内同质性和组间差异性特征比较明显；二是 DRGs 总分组数量有 600 余种，而按单病种付费的疾病种类则多达上万个，因此，DRGs 的管理成本相对较低；三是 DRGs 基本覆盖了整体疾病谱，而单病种付费仅仅覆盖了有限的疾病种类。

DRGs 不仅是一种较为科学的医保支付方式，同时，它还是一种较好的医院管理和医疗评价工具。DRGs 自带一整套指标体系，该体系作为医疗质量控制的补充手段，可以对医疗服务进行科学、客观的评价，有助于医院加强内部管理，规范医生诊疗行为，减少医疗资源的浪费。更重要的是，DRGs 还有利于探索、催生既科学又经济的临床路径，因为医疗机构出于控制成本和保障医疗质量达标的考虑，需要制订既保证医疗质量又兼顾自身成本控制的诊疗方案，并作为临床医生的统一标准要求。所以，推行 DRGs 的过程，也是一个合理、规范临床路径的过程。

按病种付费方式虽有上述优点，但实践中也同时存在以下两个方面的突出问题：一是在这种支付方式下，医疗机构推诿患者、分解住院次数等问题也比较严重，需要加强服务质量监控，尤其是对定点医疗机构实施的按病种付费情况进行定期和不定期检查，防止出现将普通病种提高到高危病种治疗，以及推诿重病患者等现象。二是按病种付费方式的操作较为复杂，并且前期需要收集大量临床数据，投入成本较大。例如，实施 DRGs 涉及很多因素，包括最小数据集、分组器、权重、基础费率、调整因素、除外病例支付等，所有这些构成因素都依赖于真实的数据进行构建。因此，实施 DRGs，首先，需要统一收集系统化、标准化的数据，它们不仅涉及临床数据、成本数据，以及市场价格变化的相关指标（医生收入指数、药品价格指数、耗材价格指数等），而且数据质量如何将决定实施的效果。其次，需要建立完善的信息管理系统，以利于引导和规范医疗机构的诊疗行为。

第四节　多元复合型医保支付模式

一、多元复合型支付模式的必要性

综合以上各种医保支付方式分析，可以发现，任何单一支付方式都有其优缺点，都有各自适用的条件，单靠某种支付方式"单打独斗"，难以解决最佳医保支付方式的选择问题。例如，按服务项目付费的后付制，虽然是一种使用范围广、简便易行的支付方式，但由于医疗机构收入与医疗服务项目直接挂钩，容易诱发医疗服务供方严重的道德风险。与按服务项目付费相比，按服务单元付费、按人头付费、总额预付制、按病种付费等预付制支付方式，虽然可以激励医疗服务供方主动降低成本，约束"滥开大处方""滥开检查单"等过度医疗现象，但预付制普遍存在推诿患者、治疗不足的问题，从而影响参保人的医疗服务可及性和就医满意度。

所以，中国有必要根据不同地区实际情况，针对不同类型医疗服务的特点，逐步建立和完善多元复合型医保支付方式。从各地实践情况看，对于住院医疗服务，主要按病种分值法和按疾病诊断相关分组付费；对于精神病、慢性病住院医疗服务，一般按床日付费；对于基层医疗服务以及家庭医生服务，采取按人头付费的形式；对于一些不宜打包付费的复杂病例和门诊费用，仍然采用按项目付费的方式；对于适宜中医药门诊病种和中医住院治疗的病种，则采用按病种付费的方式。

不仅类型不同的医疗服务，即使是同一种类型的医疗服务，也不宜采用单一的支付方式，而应当将预付制、后付制两种支付方式进行组合使用，这样，既可以发挥预付制在总额控费方面的长处，又有利于发挥后付制在防止医疗机构推诿患者等方面的积极作用。如前所述，由于治疗结果的不确定和治疗结果难以测量，在医保制度建立以前，中国一直采用按服务项目付费的后付制。随着医保改革和第三方支付制度的日益完善，预付制的弊端越来越明显，问题倒逼各地进行医保支付方式改革，逐步扩大预付制支付方式。可以将一些治疗技术成熟、治疗质量可控、治疗费用比较稳定的病种进行打包付费，在总额预付制的基础上，进行按点数法付费，即按病种分值付费，以充分发挥预付制和后付制两种支付方式的优势，同时，避免了单一支付方式可能导致的治疗不足和过度治疗的难题。

二、多元复合型支付模式

（一）适用于医疗联合体的多元复合型支付方式

医疗联合体（以下简称"医联体"）是分级诊疗的一个重要载体，广泛涉及门诊、住院、慢性病防治、健康管理等医疗服务，它在引导优质医疗资源下沉、服务基层方面，发挥着重要的作用。医联体涉及的不同医疗服务，其差异是比较大的，单一支付方式不能较好地适用于各种类型的医疗服务，因此，需要具体问题具体分析，采用多元复合型支付方式。其中，门诊服务、健康管理等基层医疗服务比较适合按人头付费的方式，可以激励社区医生提供更多的健康管理服务，降低参保人群的患病率和发病率，减少医疗费用支出；对于疗养康复等需要长期住院且病情比较稳定的医疗服务项目，可以采用按病床日付费的方式；对于住院医疗服务，则可以采用总额预付制和按病种付费的方式，通过总额控制来降低医保基金超支的风险。

所谓"医联体",即"医疗联合体",是将同一区域内的医疗资源整合在一起,由一所三级医院联合一定区域范围内的二级医院和社区卫生服务机构,组成"医疗联合体"。"医联体"内各合作单位分工协作,目的是建立合理的就医格局和秩序,将优质医疗资源通过"医联体"内的渠道"下沉"到基层医疗机构,实现"基层首诊、分级诊疗、双向转诊、上下联动"的目标,方便患者就医。

(二) 适用于住院服务的总额预付制

总额预付制是一种粗放的打包付费方式,它有利于控制预算总额,防止医疗费用过快增长,但存在着推诿患者、治疗不足的缺陷。因此,需要在总额预付制基础上引入点数法,又称病种分值法。其中,点数法和按服务项目付费一样,都具有激励医疗机构提供更多医疗服务的作用,但它与按服务项目付费不同的是,每个病种的点数(分值)是根据平均治疗成本确定的,因此,点数法在一定程度上具有抑制过度医疗的效果。在这种情况下,将总额预付制和点数组合起来使用,既可以在一定程度上解决总额预付制下医疗机构推诿患者、医疗服务供给不足等问题,又可以解决按服务项目付费所导致的过度医疗、费用超支等问题。

三、实践经验

在中国,总额预付制是近些年来医保支付方式改革的主攻方向,其发展过程经历了两个大的阶段。第一阶段是以医院为单位,由医保机构直接与医院确定预算定额;第二阶段是以区域为单位,由医保机构确定整个区域所有医疗机构的预算总额,至于各医院之间如何具体分配预算额度,由各医院协商谈判,自主分配。在总额预付制发展的第二阶段,全国一些地区创造性地将总额预付制和点数法结合起来,形成了"总额预付制+点数法"的中国特色预付制。早在21世纪初,江苏淮安市就在总额预付制的基础上,对于一些常见病、多发病实行点数法。随后,广东、山东等10多个省份纷纷跟进推行该方法,使之成为目前中国主流的医保支付方式。"总额预付+点数法"的主要优点:一是督促医院努力降低医疗成本;二是激励医院增加更多、更好的医疗服务;三是可以促进分级诊疗,有利于不同等级医院根据疾病治疗难易程度,各自发挥比较优势;四是有利于解决医院层层转嫁超支风险的问题。

2017年,国务院办公厅发布《关于推进医疗联合体建设和发展的指导意见》,要求建立和完善适应区域性医疗联合体管理体制特点和医疗服务系统特征的医保总额预付管理办法，并按照符合医联体和分级诊疗的要求，建立医保支付激励约束机制，推动医联体内各个医疗机构落实功能定位，引导优质资源下沉，带动和提升基层服务能力，有效控制医联体费用。在各地贯彻落实的实践中，深圳市医保部门与该市罗湖医院集团通过协议，建立起了"总额预付、结余留用、合理超支分担"的激励约束机制，对医疗费用实行整体打包支付，改变了以往按服务项目付费的支付方式，鼓励医院主动控制医疗服务成本、降低医药费用。深圳市医保部门在总额预付制的基础上，在不改变医保基金与各医疗机构原有的支付方式协议的前提下，还开展按服务单元付费、按病种付费等多元支付方式的探索。其中，家庭医生和社区基层医疗卫生服务采用按人头付费的支付方式，罗湖医院集团不限制参保人的就医选择权，参保人可以选择到罗湖医院集团就医，也可选择到其他医疗机构就医，如果参保患者到罗湖医院集团外的医疗就医，医疗费用仍由罗湖医院集团支付。显然，在这种体制机制下，罗湖医院集团只有加强健康预防和健康管理、降低参保人疾病发生率、减少外出就医的医疗费用支出，才能实现盈余。从改革试点的最终效果看，罗湖医院集团采用以总额预付制为主的多元复合支付方式，显著提高了运营效率，不仅有效实现了医保基金收支平衡的目标，也大大降低了居民自付医疗费用比例。

第五章　中国的全民医保制度

第一节　全民医保的基本方针

　　所谓基本方针，是指政党或政府在一定历史时期内，为达到一定目标而确定的重要行动指南或指导原则。《社会保险法》在总则中明确规定，社会医疗保险制度坚持"广覆盖、保基本、多层次、可持续"的基本方针，它与党中央、国务院在深化医药卫生体制改革中提出的"保基本、强基层、建机制"改革方针一起，构成了中国医疗保障事业必须长期坚持的基本方针，是保证中国医疗保险事业平稳、健康、可持续发展的基准线和生命线。"广覆盖、保基本、多层次、可持续"的"十二字"方针，是在借鉴国际经验和立足中国国情的基础上，通过改革实践逐步形成、丰富和完善起来的，是社会保险理论中国化的产物，它包含着中国特色医疗保险理论、制度、方针、政策等重要内容。

一、全民医保的"广覆盖"

　　全民医保的第一个方针是"广覆盖"，它是全民医疗保险制度的首要目标。所谓"广覆盖"，包括两层含义：首先，它涉及的是医疗保险制度覆盖面的问题，即全民医保制度通过如何扩大医疗保险的覆盖范围，解决逆向选择问题；其次，"广覆盖"指的是覆盖群体的问题，即全民医保制度如何针对不同人群的特征，解决各个群体的逆向选择问题，从而使医疗保险制度尽可能覆盖到所有的群体，实现应保尽保。总之，构建全民医保制度，关键问题在于如何解决逆向选择所带来的保险市场失灵，扩大全民医保制度的覆盖面。

　　从世界范围来看，保险市场中因逆向选择带来的覆盖面问题，已经成为各国建立医疗保险制度面临的普遍难题。

　　20世纪90年代中期，由镇江和九江试点起步的城镇职工医疗保险制度，以企事业单位为载体，强制性要求企事业单位为员工购买医疗保险，相当于通过企业内部的强制性，剥夺了员工的选择权，限制了"优质客户"退出，从而解决了城镇职工医疗保险市场的逆向选择问题，实现了城镇职工医保的广覆盖。20 世纪末期，国务院正式出台了《关于建立城镇职工基本医疗保险制度的决定》（国发〔1998〕44 号），医疗保险覆盖范围进一步扩大，主要包括国有企业、集体企事业单位、政府机构、社会团体等单位职工。至于乡镇企业及其职工、城镇个体经济组织业主及其从业人员等群体是否需要参加基本医疗保险，则由各省（自治区、直辖市）人民政府决定。21 世纪初，劳动和社会保障部办公厅颁布了《关于城镇灵活就业人员参加基本医疗保险的指导意见》（劳社厅发〔2003〕10 号），进一步将灵活就业人员纳入城镇职工基本医疗保险。

在农村地区，随着计划经济基础上建立的旧农合名存实亡，广大农民处于没有医疗保障的状态。21 世纪初，国务院办公厅转发了《关于建立新型农村合作医疗制度的意见》（国办发〔2003〕3 号），提出建立新型农村合作医疗制度，由政府组织和引导农民自愿参加。首先，新农合制度鼓励家庭集体参保，以家庭为依附载体，避免了家庭内部的选择和优质群体的退出。其次，新农合还采取了财政补贴激励的措施，鼓励农民选择参加医疗保险。由于两项措施双管齐下、协同发力，较好地解决了新农合保险市场的逆向选择问题，新型农村合作医疗的覆盖面也随之不断扩大，实现了新农合的"广覆盖"。

在城镇居民医疗保险的构建中，中国也是通过财政补贴的激励方式，在一定程度上解决了城镇居民参保的逆向选择问题。国务院颁布《关于开展城镇居民基本医疗保险试点的指导意见》（国发〔2007〕20 号），要求中小学阶段的学生（包括职业高中、中专、技校学生）、少年儿童和其他非从业城镇居民都可自愿参加城镇居民基本医疗保险。

随着中国全民医保体系的逐步建立，医疗保险制度覆盖范围也不断扩大。在扩面过程中，医疗保险市场的逆向选择是首先需要解决的问题。中国针对不同人群、不同参保主体的不同情况，采取了不同的方式来克服逆向选择问题。一是以企业为依附载体，通过强制参保，从企业内部克服逆向选择；二是以家庭为依附载体，鼓励家庭成员集体参保，避免家庭内部的逆向选择；三是在筹资环节，政府通过财政补贴，引导人们积极参保。经过多年的发展，中国的医疗保险制度建设取得了巨大成就，在构建全民医保体系过程中较好地解决了逆向选择问题，初步实现了全民医疗保险制度"广覆盖"的基本目标。

二、全民医保的"保基本"

全民医保制度的第二个方针是"保基本"。所谓"保基本"，是指基本医疗保险的待遇水平要适度，既不是低水平，也不是保小病，更不是高福利。与"保基本"相反的是"保豪华"，例如，使用豪华病房和国外进口药等。

（一）"保基本"的地位与作用

在"十二字"方针中，"保基本"是建立全民医疗保险制度的核心与关键所在。理由有三：第一，只有"保基本"，才能实现全民医疗保险体系的"广覆盖"。高水平的保障势必会对医疗保险基金带来沉重的压力，进而制约"广覆盖"。要实现"广覆盖"目标，必须坚持"保基本"的方针。第二，因为"保基本"，才需要"多层次"。"保基本"与"多层次"不是对立的，而是互补的，特别是在解决重特大疾病问题上，基本医疗保险只能通过基本药物、基本诊疗项目、基本医疗服务设施来解决大多数人的重特大疾病问题。单靠基本医保"单打独斗"，是无法解决重特大疾病带来的高额医疗费用问题的。相反，实现"保基本"的目标，需要发挥多层次医疗保障体系的合力作用，通过补充医疗保险、医疗救助等制度，解决不在基本医保目录报销范围内的少数人的重特大疾病问题。中国全民医疗保险体系是多层次的，基本医保要回归制度本位，明确与其他医疗保障项目之间的责任边界，既不越位，也不缺位。第三，"保基本"是实现"可持续"的必然要求。只有坚持"保基本"，才能实现医疗保险的可持续发展。在这一原则的指导下，20世纪末期，国务院《关于建立城镇职工基本医疗保险制度的决定》明确指出，基本医疗保险的水平"要根据财政、企业和个人的承受力来确定"，"要与社会主义初级阶段生产力发展水平相适应"。《社会保险法》更是明确规定，"社会保险制度坚持广覆盖、保基本、多层次、可持续的方针，社会保险水平应当与经济发展水平相适应"。

（二）"保基本"的内涵

中国医疗保险中的"保基本"，主要指的是"保大病"，而不是"保小病"。何为大病，何为小病的界定有所不同。从医疗领域来看，大病是从"病"的角度出发，主要是指病情严重、治疗过程复杂、治愈难度较大、花费较高，对个人和家庭生活影响较大的重大疾病，如恶性肿瘤、严重心脑血管疾病、需要进行重大器官移植的疾病等；小病则是指一些常见病、多发病、容易治愈的疾病。从医疗保险的角度看，大病是从"费用"多少的角度来界定的，即个人或家庭医疗费用支出占家庭总支出的比例达到一定规模，则可称为大病，也就是说，对于多数家庭而言，某种疾病的医疗支出占家庭总收入的比例非常高，则被称为医疗保障范畴的"大病"。

从理论上讲，保险的好处就是降低不确定性给参保者带来的效用损失，即风险溢价。从风险溢价的角度看，相对于小病，大病带来的疾病经济损失更大，人们面临的不确定性风险更高，"保大病"的风险溢价也更高。风险溢价最终是由保险机构和参保者分割的，在考虑交易费用情况下，"保小病"很可能导致风险溢价小于管理成本，制约了保险机构的激励机制。所以，基本医疗保险应该"保大病"，而非"保小病"。

反之，如果基本医疗保险"保小病"，会造成两个方面的严重后果：一是损害医疗保险的保险属性。大病的费用往往超出个人能力，需要社会统筹，通过大数法则分散风险，体现互助共济的原则，体现保险的优势。而小病发生的概率高、费用低，一般都能自己承担，不需要通过保险机制来分担风险。保险"保小病"，就变成了参保人几乎人人都可享受，医疗保险制度成了一种社会福利，而非真正意义上的保险。二是由于小病发生概率高，小病医疗费用将占据相当一部分基本医保基金，从而大大提高基本医保基金的管理成本，严重削弱基本医疗保险"保大病"的能力，使得那些"大病"的参保者无法得到真正的保障。所以，基本医疗保险如果越位"保小病"，则会带来"保大病"的缺位。

有些地区在医保实施过程中，把基本医疗保险中的"保基本"等同于"保小病"，认为基本医疗保险只能"保小病"、没有能力"保大病"。还有一些地区把"保小病"理解为医疗保险的"普惠"，以"保小病"提高医疗保险参与积极性。所有这些都是没能正确理解"保基本"内涵的错误做法。国务院发布的《关于全面实施城乡居民大病保险的意见》（国办发〔2015〕57号）决定，从现有的医疗保险基金中拿出一部分建立大病保险基金，似乎支持了基本医保"保小病"、没有能力"保大病"的观点。其实，这种看法是文件精神的一种"误读"。其实，国家建立大病保险制度的一个主要原因，就是基本医保保了很多"小病"，导致对"大病"的保障力度不足，大病患者医疗支出负担仍然较重，才不得不建立大病保险基金，作为基本医疗保险制度的延伸，进一步分散大额医疗支出风险。所以，建立大病医保制度，是国家对医保实践中广泛存在的"保小病"现状的一种纠偏，有利于进一步强化医疗保险"保大病"的功能定位。

（三）如何"保基本"

要实现保基本的方针，需要做好以下两方面的工作：一方面，基本医疗保险必须以基本药物、基本诊疗项目、基本医疗服务设施"三大目录"为依据，解决大病诊疗问题，对于超出"三大目录"以外的药物、国外进口药以及医疗服务设施，基本医保就不能给予报销。换言之，所谓"保基本"，就是用基本方法、最省钱的方法"保大病"。另一方面，要严格遵守基本医保待遇支付中的起付线、共付段、封顶线，即"两线一段"制度。基本医疗保险要求采用最省钱且效果稳定的治疗措施、药物以及使用基本的医疗服务设施，达到恢复健康的目的。如果医疗费用达不到起付线，就不应该使用基本医疗保险报销；如果医疗费用超过了封顶线，就不应该继续使用基本医疗保险基金。所以，坚持"保基本"，基本医疗保险就要不缺位、不越位，就要严格按照"两线一段"对三大基本目录内的费用进行报销，解决大多数参保者的大病医疗费用问题。对于超过"两线一段"、个人难以承受的参保者，需要由个人增配其他商业医疗保险或补充医疗保险来进一步分担风险。

综上所述，基本医疗保险在实质上是大病基本医疗保险；"保基本"并非"保小病"，而是"保大病"；"保基本"或"保大病"，就是采用基本药物、基本诊疗项目、基本医疗服务设施解决大病问题。坚持"保基本"的方针，就要逐步缩小"保小病"的范围，逐步提高起付线，集中资源"保大病"。

三、全民医保的多层次

基本医疗保险体系主要发挥"保基本"的作用，它只对"三大目录"范围内的医药费用进行报销，而且费用报销受"两线一段"约束，即一方面，一些治疗重特大疾病和罕见病的药物尚未列入基本目录；另一方面，即使将这类药物列入基本目录之中，在基本医疗保险报销时，封顶线以上的费用也不予以报销。因此，基本医疗保险不能完全分散重特大疾病的高额医药费支出风险，需要建立多层次的全民医疗保障体系。

全民医保的第三个方针是"多层次"，它包含以下三个方面的内容。

一是"多层次"的"保大病"。小病的风险溢价较低，无须通过保险来分散风险，保险就是"保大病"。因此，这里的"多层次"，不是指疾病种类的多样性，而是指对大病产生的高额医疗费用的保障路径的多样化；"多层次"也不是指构建覆盖不同层次疾病医疗费用的医保体系，而是通过多种手段、多种方法，保障参保人因大病产生的高额医疗费用，使其得以分散风险。

二是建立"多层次"的大病医疗保障体系。基本医疗保险制度主要是保"大病"，其保障方式是对采用基本方法治疗大病产生的医疗费用，以及对基本药品目录、基本诊疗项目目录、基本医疗服务设施目录内的医疗费用进行报销。而且，基本医疗保险只对封顶线以下的医疗费用实行报销，对于采用目录外治疗措施产生的医疗费用，以及封顶线以上的高额医疗费用，则不予保障。在这种情况下，就需要构建大病的多层次医疗保障体系，参保人可通过企业补充医疗保险或商业保险等多种方式，分担基本保险保障范围外的医疗费用风险。

三是构建多维度的医疗保险制度，共同解决参保人因大病产生的高额医疗费用问题。需要强调的是，这里的"多层次"，指的是报销医疗费用的不同路径的层次性，而不是指城市与农村、职工与居民等不同社会阶层的划分问题。城镇职工基本医疗保险、城镇居民基本医疗保险和新型农村合作医疗制度，它们虽然分别解决的是城镇职工、城镇居民、农村居民的医疗保险问题，但这三项制度属于同一层次，而非不同层次。

中国医保体系的"多层次"经历了一个不断建设和完善的过程。20世纪末期，国务院颁布《关于建立城镇职工基本医疗保险制度的决定》，强调城镇职工基本医疗保险主要解决患大病时的医疗费用支出。21世纪，国务院办公厅转发相关部门《关于建立新型农村合作医疗制度意见的通知》，指出"农村合作医疗基金主要补助参加新型农村合作医疗农民的大额医疗费用或住院医疗费用"。国务院《关于开展城镇居民基本医疗保险试点的指导意见》提出，建立"以大病统筹为主的城镇居民基本医疗保险制度"，城镇居民基本医疗保险基金重点用于参保居民的住院和门诊大病医疗支出。通过建立三大基本医疗保障制度对三大目录范围内的医疗费用进行报销，保障了参保者用基本方法治疗大病产生的医疗费用。《中共中央国务院关于深化医药卫生体制改革的意见》提出了"多层次医疗保障体系"的概念，要求"加快建立和完善以基本医疗保障为主体，其他多种形式补充医疗保险和商业健康保险为补充，覆盖城乡居民的多层次医疗保障体系"。通过企业补充医疗保险和商业健康保险，保障了人们对采用目录外治疗大病措施产生的医疗费用，满足了人们的多层次医疗服务需求。国务院发布《关于全面实施城乡居民大病保险的意见》，要求全国各地建立大病保险制度。通过构建大病保险制度，对高额医疗费用封顶线以上的部分进行二次报销。经过多年的探索实践，中国的全民医保制度形成了以基本医疗保险、大病医疗保险为主体，以企业补充医疗保险、商业健康保险等为补充的多层次医疗保险体系。

四、全民医保的"可持续"

全民医保的第四个方针是"可持续"。医疗保险的"可持续"，不仅是医疗保险制度发展的显著特征和本质要求，而且也是建立科学合理可行的筹资机制和待遇调整机制，完整系统地推进支付制度改革，并切实加强经办能力建设的必然要求。

全民医保的"可持续"，最核心和最关键的是要实现医保基金的可持续。为此，需要按照"以收定支、收支平衡、略有结余"的原则，在筹资和待遇两方面做到可持续，使筹资水平与保障水平的增长与本国（地区）的经济发展水平相适应，与国家、企业（社会）和个人（家庭）的承受力相适应。换言之，保持筹资的可持续和待遇的可持续，既要尽力而为，又要量力而行，不能政府拍脑袋，人为调高或降低筹资水平与保障水平。只有这样，才能实现医疗保险制度的稳定性、连续性、长期性和可靠性。

首先，在保持筹资水平可持续性方面，要求坚持权利与义务相统一的原则，即国家通过法律形式推行医疗保险制度，参保者只有在缴纳医疗保费的前提下，才能依法享受合理的医疗保险待遇。在城镇居民医保和新农合建立之初，政府为了吸引更多的居民参保，安排了大量财政资金补助，筹资主要依赖政府财政投入。但随着人口老龄化不断加剧，以及中国经济步入"新常态"，经济增速逐渐放缓，要实现筹资水平的可持续，就需要加大个人在医疗保险中的筹资责任，降低政府在医疗保险中的筹资比重。

其次，在保障水平的可持续方面，要求在全民医保经办管理过程中，严格落实《基本医疗保险药品目录》《基本医疗保险服务设施目录》《基本医疗保险诊疗项目目录》"三大目录"，设置定点医院和定点药店的医疗费用结算支付办法。在医保统筹基金需方支付方面，设置"起付线""共付段"和"封顶线"等"闸门"，抑制患者的道德风险问题。在医保基金支付方式方面，探索按项目付费、总额预付、按病种付费、按服务单元（诊疗人次、床日）付费、按人头付费等多元组合的付费方式，管控医生的道德风险问题，抑制医疗费用的不合理增长。

需要指出的是，医疗保障水平的可持续取决于筹资的可持续，因为医疗保险基金坚持"以收定支、收支平衡、略有结余"的原则，所以要求我们"有多少米，做多少饭"，地方政府也不能不顾财力可能，随意提高保障水平或报销比例。从目前情况看，影响医保可持续发展的因素，不仅体现在过高的报销比例上，也体现在参保人员对基本医疗过高的需求上。也就是说，全民医保可持续发展的基础仍然是"保基本"，只有坚持"保基本"，才能体现保障的"适度性"，才能保证中国医疗保障制度的可持续。

第二节 筹资机制与逆向选择

全民医保制度涉及参保对象、筹资机制和待遇支付三方面，要解决"谁来参保""钱从哪来""待遇如何"等三个基本问题，它们是全民医疗保险制度最基本的构成要素。

一、城镇职工基本医疗保险

中国在构建城镇职工基本医疗保险制度过程中，主要是以企事业单位为载体，从企事业内部解决城镇职工医疗保险的逆向选择问题。推行城镇职工基本医疗保险，存在参保的逆向选择问题，对此，全国不同地区尝试了不同的解决办法。例如，有的地方实行"捆绑式"参保，即将参加医疗保险与其他相关的事项捆绑在一起，作为参保的条件，间接地强制职工参保，其中具有代表性的是将医疗保险与养老保险进行捆绑。

（一）参保对象

1. 覆盖范围不断扩大

城镇基本医疗保险的覆盖范围经历了一个从小到大的过程。20世纪90年代中期，国务院批复了《关于江苏省镇江市、江西省九江市职工医疗保障制度改革试点方案》，开始进行"两江试点"改革。试点初期，镇江市职工基本医保的主要对象是国家机关、国有企事业单位职工；九江市的主要对象包括市、县（市、区），以及庐山管理局局属、中央部属、省属驻市国家行政、事业单位、国有企业、军队所属企业、城镇集体企业和"三资"企业的职工。20世纪90年代中期，在总结"两江试点"改革经验的基础上，国务院办公厅转发了《关于职工医疗保障制度改革扩大试点的意见》，提出"为城镇全体劳动者提供基本医疗保障"。20世纪末期，国务院在《关于建立城镇职工基本医疗保险制度的决定》中明确提出，城镇所有用人单位，包括企业（国有企业、集体企业、外商投资企业、私营企业等）、机关、事业单位、社会团体、民办非企业单位等，其职工必须参加基本医疗保险。乡镇企业及其职工、城镇个体经济组织业主及其从业人员是否参加基本医疗保险，则由各省（自治区、直辖市）人民政府依据当地情况自由决定。这样，城镇职工基本医疗保险的覆盖范围进一步扩大。21世纪，在《关于城镇灵活就业人员参加基本医疗保险的指导意见》中，要求已经与用人单位签订合同的灵活就业人员，可以依托用人单位参加城镇职工医疗保险；对于没有用人单位的灵活就业人员，则可以按照个人身份缴费参保。至此，中国就初步建立起覆盖全体城镇职工的基本医疗保险制度。这一制度虽然可以通过单位内部强制的方式来克服逆向选择，但在城镇职工医疗保险扩面过程中，仍然存在着一些企事业单位不愿参保，以及部分灵活就业人员的逆向选择问题。

2. 灵活就业人员的参保选择

所谓灵活就业人员，是指以非全日制、临时性和弹性工作等灵活形式就业的人员。包括国有、集体企业下岗人员和失业人员，受雇于私营企业和个体经营户的就业人员，从事临时工、季节工、钟点工等劳务活动及个体工商户的就业人员，从事建筑、家政服务及其他服务性职业的进城务工人员（简称"农民工"）；还包括伴随新经济产生的新就业群体，如律师、演员等。灵活就业人员的主要特征是劳动关系复杂，有些通常没有明确的劳动关系，劳动收入差异较大，低收入人群占比较高，且具有较强的流动性。

如何克服逆向选择，如何解决灵活就业人员参保问题是一个世界性难题。如前所述，国家机关、事业单位和企业职工依附于单位，必须以"单位人"的身份强制参保，形成

"团体参保"。换言之，单位必须为员工购买医疗保险，从而能够有效地解决医疗保险中的逆向选择问题。但是，由于灵活就业人员没有明确的劳动雇佣关系，无法通过载体强制参保，而只能要求灵活就业人员"以个人身份参保"。结果是，部分灵活就业人员必然会根据自身的健康状况进行选择，健康状况较差的，一般选择参保；健康状况较好的，则会退出保险市场，从而发生逆向选择。

灵活就业人员在劳动时间、收入报酬、工作场所、劳动关系等方面均不同于建立在工业化和现代制造业基础上的传统的主流就业方式。经济新常态背景下，以服务业为代表的第三产业、"互联网+"产业成为新的经济增长点，从事这类行业的灵活就业人员数量快速增加。

灵活就业人员数量的快速增加给中国全民医保的实现带来了巨大的挑战。首先是医保覆盖面的问题，一方面，由于灵活就业人员没有明确的劳动雇佣关系，因此无法通过强制性解决这类人群的逆向选择问题；另一方面，部分灵活就业人员的劳动收入比较高，政府的财政补贴对他们没有激励作用。

除此之外，灵活就业人员还存在"职转居"现象，即本应该参加城镇职工医疗保险的人员参加了城镇居民医疗保险。

从世界范围来看，大多数国家都要求灵活就业人员强制参加社会医疗保险，也有少数国家规定灵活就业人员参加社会医疗保险实行自愿原则。尽管各国的制度规定不尽相同，但是，灵活就业人员的参保问题始终是一个难题，如何将灵活就业人员纳入医疗保险制度，各国也经历了一个逐步探索的过程。

（二）筹资机制

1. 资金来源

城镇职工基本医疗保险费由用人单位和职工个人共同缴纳。其中，用人单位缴费率控制在职工工资总额的6%左右，职工缴费率一般为本人工资收入的2%，缴费率可以随经济发展做相应调整。基本医疗保险基金由统筹基金和个人账户构成。职工个人缴纳的基本医疗保险费全部计入个人账户，用人单位缴纳的基本医疗保险费分为两部分：一部分用于建立统筹基金；另一部分划入个人账户，划入个人账户的比例一般为用人单位缴费的30%左右，具体比例由统筹地区根据个人账户的支付范围和职工年龄等因素确定。

根据国务院20世纪末期发布的《关于建立城镇职工基本医疗保险制度的决定》，原则上要求以地级以上行政区（包括地、市、州、盟）为统筹单位，部分地区可以县（市）为统筹单位，北京、天津、上海三个直辖市原则上在全市范围内实行统筹（以下简称"统筹地区")。所有用人单位及其职工都要按照属地管理原则参加所在统筹地区的基本医疗保险，执行统一政策，实行基本医疗保险基金的统一筹集、使用和管理。铁路、电力、远洋运输等区域流动性较大的企业及其职工，可以相对集中的方式异地参加统筹地区的基本医疗保险。

上述筹资机制意味着，城镇职工基本医疗保险是由企业和职工分担责任和风险的，政府在筹资环节没有法定的补贴义务，只承担有限责任。这种责任分担机制是基本医疗保险的一个重要制度安排，它体现了参保者权利与义务的对等性，也是保证制度可持续的重要条件。如果没有分担机制，就不能形成节约意识，医疗费用剧增，政府财政不堪重负，最终扭曲医疗行为，造成医疗资源浪费。

2. 筹资水平

总的来说，一国医保筹资水平应当与同期的政府财政收入、企业与个人承受能力相一致，既不能过高，也不能过低。影响城镇职工基本医疗保险筹资水平的因素有两个：一个是费率，另一个是费基。从费率水平看，在中国医疗保险制度建立之初，医疗保险的缴费率确定为职工工资总额的6%和职工个人工资收入的2%，应当说是恰当的。近些年来，虽然社会保险的其他险种（养老保险、工伤保险、失业保险、生育保险）的缴费率都进行过阶段性下调，但基本医疗保险的缴费率基本保持不变。社会上对城镇职工基本医疗保险的费率水平存有不同看法。一种观点认为，中国现行的医疗保险费率水平偏高，不仅会增加劳动力成本，削弱企业竞争力，也给参保者带来了较重负担，影响灵活就业人员等中低收入群体参保，因而主张适当降低医疗保险费率；另一种观点则认为，较高费率有利于增加就业和储蓄，促进经济增长，因而主张进一步提高现行缴费率。

那么，什么是合理的医疗保险缴费水平？从理论上说，一国医疗保险的缴费率，应该在考虑人口结构、患病率、预期寿命、死亡率、经济发展水平、企业和个人承受力等因素的基础上，进行综合考量。其中，需要遵循以下五个方面的原则：一是保基本的原则。即医疗保险筹资要充分满足人们的基本医疗需求，补偿和分散参保人的疾病经济损失。二是收支平衡原则。如果收不抵支，会影响医保制度的可持续性；反之，如果结余过多，则可能影响参保人基本待遇水平。三是止损原则。在医疗保险中，患者和医生都可能出现道德风险，费率的确定和支付方式的实施，要有利于促进参保人和医疗服务提供者主动约束自身行为，减少不合理的医疗费用，降低医疗风险。四是适度性原则。即在经济发展和个人收入水平的基础上，考虑参保人的承受能力和企业成本。五是相对稳定和适度调整的原则。从鼓励参保和制度稳定的角度看，费率不宜频繁调整，但从长远发展看，费率的适时、适度调整，有时也是必要的。如何优化城镇职工基本医疗保险的费率水平，可以参考

"拉弗曲线"原理和借鉴减税经验，合理地处理好费率、费基和保费收入三者之间的关系，即高费率不一定带来高收入，适度降低费率也不一定减少基金收入。

城镇职工基本医疗保险的缴费费基，是职工工资收入额。个人缴费基数按照"保底封顶"原则确定，即个人缴费工资低于上年度职工月平均工资60%的，按照当地职工月平均工资的60%确定缴费基数；超过上年度当地职工月平均工资300%的部分，不再纳入缴费基数；城镇个体工商户和灵活就业人员参加基本医疗保险的缴费基数，为当地上年度在岗职工的平均工资。

根据国家统计局《关于工资总额组成的规定》，所谓工资总额，是指单位一定时期内直接支付给本单位职工的全部劳动报酬总额。不论是全民所有制和集体所有制企业、合营单位，还是各级国家机关、事业单位和社会团体，凡在计划、统计、会计方面涉及工资总额的，其具体范围包含计时工资、计件工资、奖金、津贴和补贴、加班加点工资，以及特殊情况下支付的工资等六个部分。在社会保险经办机构的实际业务中，很容易出现缴费基数不实和核查困难的问题。主要原因：一是由于纳入国家统计局统计范围的在岗职工平均工资，主要是城镇非私营单位，不包括中小企业等私营单位。而恰恰是这些非私营单位，其工资总额基数高、增长快，从而拉高了私营单位、中低收入人群的缴费基数。二是企业或个人瞒报、少报缴费基数的现象屡见不鲜，造成申报工资脱离实际工资水平。三是不同部门的工资统计口径存在很大差异，数据核实十分困难。要解决上述问题，虽然可以考虑引入税务、银行等外部数据进行大范围比对，但难以获得真实完整的外部数据。基于人工手段进行基数核定，虽然方法简单，但面对数以万计的参保人员，人工核实需要耗费大量人力、物力，成本高昂，因此，实践中通常采用抽样核定的方法。这种方法涉及的基数审核面虽然比较小，但往往不够准确。因此，如何科学确定城镇职工基本医疗保险的缴费基数，也是制度设计和执行中需要认真解决的一个问题。

3. 退休职工缴费问题

从20世纪40年代末期劳动保险与公费医疗制度，到20世纪末期城镇职工基本医疗保险制度，退休人员都是不需要缴纳医疗保险费的，而且城镇职工基本医疗保险还对退休人员个人账户的计入金额和个人负担比例，给予了适当照顾。《社会保险法》规定："参加职工基本医疗保险的个人，达到法定退休年龄时，累计缴费达到国家规定年限的，退休后不再缴纳基本医疗保险费。"其政策初衷主要有两个方面：一是为了体现互助共济原则，减轻职工的经济负担；二是为了均衡企业负担，有利于各类企业的公平竞争。由于国家层面尚未出台有关累计缴费年限的统一规定，所以，全国不同地区自定的缴费年限不尽相同。

但是，随着医保覆盖范围不断扩大和人口老龄化问题日益严重，医保基金开始出现收支失衡，部分地区甚至发生收不抵支现象，关于退休人员是否应该缴纳医保费的问题，也在学术界引起了广泛讨论。不赞成退休人员继续缴费的观点认为，退休人员在退出劳动力市场后，收入水平大幅度下降，如果要求继续参保缴费，会增加老年人的经济负担，导致不公平。持反对意见的观点则认为，退休人员缴费是缓解医保基金压力的重要措施，而且，如果退休人员不缴费，将会带来代际的不公平。这种观点强调，无论是从中国职工医保制度的内在机理，还是从社会经济外部环境的变迁来看，退休职工个人承担缴费义务都是一个应然性要求。国家可以在普遍缴费原则下，对于存在经济困难而无力缴费的退休职工，给予费用减免或财政补贴。

二、城乡居民基本医疗保险

（一）参保对象

城乡居民基本医疗保险是由新型农村合作医疗（以下简称"新农合"）和城镇居民基本医疗保险制度（以下简称"城居保"）整合而来的。在整合之前，新农合以家庭作为依附载体，鼓励家庭集体参保，从而在一定程度上解决了逆向选择问题。新农合还通过财政补贴的激励方法，引导农民选择参加医疗保险。城居保同样采用财政补贴的激励方式，调动了居民参保的积极性。由于两项保险制度能够在一定程度上解决逆向选择问题，因此，参保人数不断上升，保险覆盖面也不断扩大。

城乡居民基本医疗保险无论是在整合之前，还是实现整合之后，在参保对象问题上，也都存在着一些需要解决的问题。突出的有以下两个。

第一，参保者的参保险种不明确，存在同一人群跨险种参保问题。以灵活就业人员或小业主为例。在城居保制度建立之前，灵活就业人员或小业主主要参加城镇职工基本医疗保险。城居保建立后，他们可以自由选择参加城镇职工基本医疗保险和城居保。由于参加城居保可以享受更多的政府补贴，而城镇职工基本医疗保险的个人缴费负担相对更重，因此，更多的灵活就业人员和小业主倾向于选择参加城居保。这样，由于新老制度不对接，造成了同一人群跨险种参保的问题。

第二，同一参保人重复参保问题。所谓重复参保，是指居民在已经参加了城镇职工医疗保险、城居保或新农合之后，由于城乡流动和职业、身份等发生变动，参保人发生了再次参加一种或几种其他医疗保险制度的现象。

产生重复参保问题的原因是多方面的，有些是由参保者主观意愿引起的，有些则是因制度不完善或技术手段落后等客观因素带来的。从主观上说，一部分人出于利己考虑，希望通过重复参保、多次报销，获得更多的医疗费用补偿，少付甚至不付医疗费用。从制度上看，由于基本医疗保险按照城乡、户籍、地域、身份等要素划分为三种不同制度，而不同制度的地区统筹层次是不同的，且制度之间、地区之间的转移接续、异地就医等办法又尚未完善。另外，还有一部分人由于职业转换、人口流动和外出学习等原因，导致其无法享受原户籍所在地的医疗保险，或者报销烦琐、成本较大。在这种情况下，有些参保人就试图通过参加一种或几种医疗保险来分散由于疾病而产生的经济风险。从技术上看，由于保险信息系统建设滞后，无法实现不同险种之间的信息互通，也给重复参保者带来可乘之机。

重复参保带来的消极后果是显而易见的。首先，由于财政投入对居民医疗保险的补贴较高，导致重复参保人数不断攀升，不仅要额外增加政府财政投入，加重基金负担，而且还会增加医疗保险的经办费用。其次，重复参保致使部分人群享受"过多"的资源或待遇，影响了制度的公平性。尤其是在医疗保险基金为一定数时，重复参保将会导致参保人的报销比例整体下降、福利受损，影响社会公平。最后，重复参保还给一些别有用心的人以可乘之机，可能引发道德风险，造成医疗费用不合理的快速增长，过度消耗有限资源。整合城乡居民医保，虽然部分地解决了城居保与新农合之间的重复参保问题，但未能解决城乡居民基本医疗保险和城镇职工医疗保险之间的问题。下一步改革不仅需要继续探索城乡居民医保和城镇职工医保的逐步整合，还要加快社会保障信息化建设，准确记录和分享参保信息，完善异地就业和即时结算政策，便于流动人群享受医疗保险待遇。

（二）筹资机制

城乡居民基本医疗保险（含新农合与城居保）采取个人（或家庭）缴费和政府补贴相结合的筹资方式。其中，新农合由个人、集体和政府多方筹资，以大病统筹为主，实行农民医疗互助共济。城居保则以家庭缴费为主，政府予以适当补助，参保人只有按规定缴纳医疗保险费，才能享受医疗保险待遇。

综上所述，城乡居民医疗保险筹资机制有三个显著特点：第一，城居保和新农合都是以政府补贴为主。在城乡居民个人缴费不断增长的同时，政府补贴增长更快，且占个人筹资总额的70%以上。第二，在城乡居民基本医疗保险的筹资机制中，由于政府补贴占比高，大大提高了居民的参保积极性。在自愿参保的前提下，城乡居民基本医疗保险基本实现全覆盖，有效解决了逆向选择问题。当然，政府补贴过多，在一定程度上也弱化了个人或家庭的保险责任，使"保险"容易异化为"福利"。第三，政府对于城乡居民基本医疗保险的财政补贴，体现了中央与地方的共同事权和支出责任。其中，中央财政补助资金统一实行"当年全额预拨，次年据实结算"的办法，通过财政资金专项转移的形式，对地方政府进行补助；省级及以下财政按比例分担补助。在中央和地方共同分担的基础上，中央政府对不同区域和人群的补助责任存在差异。例如，在区域补助力度上，对西、中、东地区实行由高到低的梯次补助政策；在对不同群体的补助力度上，对特殊困难群体采取了特殊补助政策。

第三节　待遇水平与道德风险

一、患者的道德风险及其防范

一般而言，患者参保发生医疗费用之后，医疗保险机构将按照医疗费用金额的一定比例给予报销。然而，在医疗保险市场上，保险机构是委托人，参保者是代理人，保险机构将购买医疗服务的权利让渡给了参保者。由于患者参保较之于不参保，会面临较低的医疗服务价格，医疗费用自付比例较低，因此，患者存在过度利用医疗服务的强烈动机。另外，由于患者和保险机构之间存在着信息不对称，参保者是否存在过度就医行为是难以被医疗保险机构识别的。患者的过度就医行为必然造成医疗保险支出的不合理增长，损害医疗保险机构的利益。对于医疗保险市场中参保者过度利用医疗资源的行为，称为患者的道德风险。

患者的道德风险与待遇支付及其支付方式有着密切关系。待遇支付和支付方式是内涵不完全相同的两个概念。其中，待遇支付是指医保能够为参保者提供何种水平的医保待遇，它反映的是医保与参保者（需方）的关系；支付方式是指医保如何补偿医疗机构为患者诊疗所带来的成本，它反映的是医保机构与医疗机构（供方）之间的关系。医疗保险机构如果无条件地向患者提供较高的保险待遇，将会诱发较为严重的患者道德风险。为了抑制患者道德风险，就需要让患者自己承担一部分医疗费用。医保机构在信息不对称情况下处理医疗费报销问题，通常会设置约束条件，例如"起付线""封顶线"和"共付比"。

（一）起付线

"起付线"，是指参保者医疗费用发生之后，首先需要自付一定额度的医疗费用，医疗保险经办机构只对超过这一额度的医疗费用予以报销。医疗费用的这一自付起点标准，即为"起付线"。起付线作为医疗保险待遇支付的下限，在医疗费用控制中起着"门槛"的作用，它主要有三个功能：一是防止医患双方在信息不对称情况下合谋弄虚作假，套取医疗保险资金；二是强化参保人的责任意识，即只有在参保人先行自付一定医疗费用的条件下，才能享受医疗服务，有利于抑制"小病大治"等患者道德风险行为；三是降低医疗保险机构的管理成本。

（二）封顶线

"封顶线"，是指医疗保险机构对参保医疗费报销规定的最高限额，对于超过"封顶线"的部分，不再为其支付医疗费用。封顶线是医疗保险待遇支付中的上限，封顶线以内的医疗费用属于基本医疗保险报销范围，对于超过封顶线的部分，则只能通过补充医疗保险或者商业医疗保险解决。所以，封顶线制度既体现了医疗保险的多层次性，又有利于控制医疗保险支出的总规模。

（三）共付比

"共付比"，是指参保人起付线以上和封顶线以下的医疗费用（以下简称"共付段"）由个人负担比例。从防范道德风险的角度考虑，共付段部分的医疗费用需要由参保者和医疗保险机构共同承担。其中，由医疗保险机构承担的部分，承担的比例称为"报销比例"；由患者自己承担的部分，承担的比例则称为"共付比"。恰当的"共付比"可以有效抑制参保患者的道德风险，约束患者"小病大养"等过度医疗行为。共付比如果定得过高，将弱化保险功能；共付比如果定得过低，就会强化患者追求"高、精、尖"医疗服务的动机，诱发道德风险。所以，医保报销比例既不是越低越好，也不是越高越好。

除起付线、封顶线、共付比之外，"三大目录"（基本医疗保险药品目录、诊疗项目目录、医疗服务设施标准）也是抑制患者道德风险的有效方式。按照现行制度规定，基本医疗保险只报销"三大目录"范围以内的医疗保险费用，对于超出"三大目录"的医疗保险费用不予报销。如果需要分担这部分风险的，患者可以通过补充医疗保险、商业医疗保险等方式解决。

我国社会医疗保险事业是一项民生工程，但近年部分地区出现了以高报销比例简单换取群众满意度的行为，导致医保基金运行压力陡增。出现该问题的主要原因在于，地方官员片面地将医保报销比例高低与民生建设水平高低联系在一起，没有意识到医保报销比例原是克服患者道德风险的重要工具。

首先，从保险和道德风险的关系来说。保险和道德风险形影不离，有保险就有道德风险，后者是保险的主要副作用。保险程度越高，患者的道德风险程度也越高。中国社会医疗保险制度的设计初衷是为了分散大病给群众带来的疾病经济风险。然而，医保报销比例如果过高，患者对医疗服务价格的敏感度下降，患者过度利用医疗服务的动机会增强，道德风险问题频发。这无疑将导致医疗资源的过度消耗，增大医疗保险基金的运行压力。

其次，基本医疗保险报销比例的主要功能在于分散风险和责任共担。分散风险即保障参保患者的基本医疗需求。从这个意义上说，报销比例不可过低，否则难以发挥医疗保险作用。责任共担是指，医疗费用的支付需要参保人自行承担一部分，这是为了增强患者对医疗服务的价格敏感程度，缓解患者的道德风险，减轻医保基金运行压力。

总的来说，我们必须厘清保险与福利的边界。医疗保险的设计初衷是保障居民的疾病经济风险，强调权利与责任共担。而福利制度不讲义务与责任，只是片面强调权利。部分地区随意提高医保报销比例甚至提供"免费医疗"的行为，只会诱发患者的道德风险，成为中国社会医疗保险制度的"不可承受之重"。因此，既然中国已经确定了社会医疗保险制度，就要回归保险本质，与福利制度坚决划清界限，树立"医保报销比例不是越高越好"的正确理念。

二、城镇职工基本医疗保险待遇水平

城镇职工基本医疗保险待遇，是指用人单位和职工按照一定的费率和费基缴纳医疗保险费，形成医疗保险基金，由基金对参保职工因疾病支付医疗费用造成的经济损失给予一定的补偿，体现了参保者缴费参保义务和享受相应待遇权利的统一。基本医疗保险待遇给付实行"以收定支、收支平衡、略有结余"的原则，换言之，基本医疗保险的待遇水平取决于筹资水平，即"有多少钱办多少事"，这是基本医疗保险实现"保基本"和"可持续"的必然要求。在这种情况下，统筹基金必须确定起付标准和最高支付限额，我国现行的起付标准原则上控制在当地职工年平均工资的10%左右，最高支付限额控制在当地职工年平均工资的4倍左右。对于起付标准以下的医疗费用，从个人账户中支付或由个人自付。对于起付标准以上最高支付限额以下的医疗费用，主要从统筹基金中支付，个人也要负担一定比例。对于超过最高支付限额的医疗费用，参保人可以另行通过商业医疗保险等途径解决。统筹基金的具体起付标准、最高支付限额，以及在起付标准以上和最高支付限额以下医疗费用的个人负担比例，由统筹地区根据"以收定支、收支平衡"的原则确定，不同地区、不同级别的医疗机构、不同诊疗项目，其具体的补偿比例则不尽相同。

城镇职工基本医疗保险待遇并非固定不变。要健全与筹资水平相适应的基本医保待遇调整机制，明确医保待遇确定和调整的政策权限、调整依据和决策程序，避免待遇调整的随意性，逐步缩小统筹地区的待遇差距。然而，在具体实施的过程中，不同地区在医疗保险待遇调整上具有较大差异，有些地区把医疗保险待遇调整的重点放在医疗保险的报销比例上，并将其视为医疗保险待遇调整的主要手段，因而随意突破待遇支付中的"两线一段"（起付线、共付段、封顶线）、目录范围和个人账户等规定。有的地区无视医疗保险待遇在区域、险种、基数等方面存在的差异，随意调整保险比例，甚至将城镇职工住院的报销比例提高到90%以上，近乎全民免费医疗，进而出现医疗保险待遇支付泛福利化的现象。在这种情况下，由于医疗保险基金缺乏内生增长机制，使得医疗保险待遇支出远远超过医疗保险待遇收缴，导致医疗保险基金支出风险不断加大。除此之外，还有个别地区试图通过提高报销比例来推动患者分流，进而推进分级诊疗，解决重特大疾病问题。然而这些地区盲目攀比报销比例的做法是不可取的，如前所述，医保待遇是由报销比例、三大目录范围、起付线、共付段、封顶线，还有支付标准、支付方式等政策组合来决定的，医保待遇调整必须遵循医疗保险的客观规律，并根据医保基金预算管理与精算分析，合理确定政策范围内住院费用、门诊大病的医保基金支付比例，以及实行门诊统筹情况下的基金支付比例。报销比例过高或过低都不能实现医保政策目标。

在待遇支付方面，一些地区为了突出"业绩"，随意扩大医疗保险的受益面，认为受益面越广泛，制度的公平性就越强，这使得人们对基本医疗保险待遇支付公平性问题产生误解。医疗保险是在疾病风险是否发生、何时发生、损失如何等不确定性条件下，依据"大数法则"和"小概率事件"等原理，建立起来的风险防范制度，这意味着在同一时间范围内，医疗保险基金应该只保障遭受重特大疾病的人群，若同一时间医保支出的人数过多，反而会稀释医疗保险的保障能力。另外，医疗保险市场中还存在着参保者的道德风险。因此，医疗保险的受益面不能盲目扩大，不能"保小病"，更不能以受益人群的多少来衡量制度公平性程度。此外，在医疗保险待遇支付中，骗取医疗保险待遇的行为也不少见，加强医保支付监管，进一步完善医保法律法规，是医保改革的重点所在。

三、城乡居民基本医疗保险待遇水平

城乡居民基本医疗保险制度坚持"以收定支、收支平衡、略有结余"的原则，待遇支付也设置起付线、共付比例和封顶线。起付线设置一般采用梯级补偿方式，即在不同级别的定点医疗机构设置不同标准的住院补偿起付线，医院级别越高起付线越高，同一保险年度内再次入院者的起付标准会下调；不同级别医疗机构和费用段设置的补偿比例也不同，意在引导参保者实现社区首诊、分级诊疗。封顶线一般按照居民年人均纯收入的倍数（例如4倍或6倍）设置，并设有最高支付额度。除此之外，城乡居民基本医疗保险只报销

"三大目录"范围以内的医疗保险费用，对于超出"三大目录"的医疗保险费用，则不予报销。

有学者认为，城镇职工基本医保和城乡居民基本医保的待遇存在不公平问题，如药品目录、诊疗项目和报销比例存在较大差异，城镇职工基本医保待遇明显高于城乡居民基本医保。以某市为例，除了基层医疗机构之外，城镇职工基本医保对二级和三级医疗机构的补偿比例明显高于城镇居民基本医保，且在人均基金支出比例、"三大目录"、覆盖范围、起付标准和封顶标准等方面，城镇职工基本医保明显处于优势。不过，造成这种差别的原因复杂，还不能简单地归结为公平或不公平的问题。从公平的内涵看，包括起点公平、过程公平和结果公平，那种认为城镇职工基本医保与城乡居民基本医保不公平的观点，只是从结果看公平，忽略了起点公平，即忽略了城乡居民基本医保与城镇职工基本医保的筹资存在显著差异。即两者待遇的差距是由缴费责任差异所决定的。按照政策规定，城镇职工基本医疗保险费由用人单位、职工双方共同负担，因企业缴费是职工总工资的一部分，缴费负担水平是个人缴费筹资，没有政府补贴，而城乡居民基本医疗保险由个人缴费和政府补贴构成。在实际金额上，职工医保也要远远高于居民医保。虽然筹资水平决定待遇水平，要客观地看待不同医保制度之间存在的待遇水平差异，而不能盲目地进行医保支付待遇攀比。

第六章　医疗保险费用控制

第一节　我国医疗保险费用控制概述

一、我国医疗费用的特点

（一）医疗保险费用持续上涨

基本医疗保险制度自正式启动以来，总体运行平稳，从全国范围来看还处于收大于支的状况。但是，随着覆盖面的不断扩大和各项改革措施的逐步深入，基金运行面临着医疗保险费用持续上涨的巨大压力，潜在的风险不断在增加。由于新技术、新药品和新设备的广泛运用，以及部分医院对医疗消费的诱导，参保人员医疗保险费用水平呈持续攀升状态。当前各地都存在着大量的医疗机构套取医保基金的现象，本是广大参保人员救命钱的医保基金，有时却成了少数定点医院的"唐僧肉"。有的医院采取虚假记账、"挂名"住院、改病历、换药名、编处方、在单据上弄虚作假等违规手法捞钱，同时还采取一些巧妙的办法，为一些未纳入医保的人员或不属于医保报销的费用违规报销。

（二）医院不断提高费用

我国的基本医疗保险实行的是属地化管理，各地可以根据自身的情况实行不同的制度。在与定点医疗机构费用结算方式上，首先，各统筹地区一般门诊费用结算多采取按实支付，住院费用结算占主导地位的是总额控制下的按住院人次定额付费；其次是总额控制下的按病种付费。总量控制、定额结算的结算方式具有费用控制力度强、管理相对简单的特点。在当前"以收定支"，根据可能而不是需要来确定保障水平的制度下，总量控制的效果比较明显。我国现有的管理和科研条件下，类似于这种比较复杂的科学而有效的技术性支付标准一时难以制定，为保证统筹基金的收支平衡，各地不得不求助于管理相对简化的定额支付方式。定额结算方式类似于一种"计件工资"制，在定额标准一定的情况下，定点医院的收入就取决于参保患者的出院人次数。然而计件工资这种激励方式一般适用于生产标准化的产品，即产品的质量比较容易衡量，而医疗服务的质量恰恰是非常难以衡量的。计件工资是一种强度很大的激励方式，这种方式下，代理人——医院掩盖其产品质量的动机也很强。

另外医院还可能有意突破定额，为来年定额调整打基础。因为定额一般是根据前三年的实际发生的费用来调整的，当医院预测到它提高效率、降低费用将会使定额调低时，就不会有积极性去降低费用和成本，因为费用的降低不仅会影响当期的收入，还会降低未来的收入，这种现象被称为"棘轮效应"或者"鞭打快牛"。在定额结算方式下，那些效率最高、业绩最好的医院得到的收入比效率低下的医院还要低，因此医院缺乏足够的激励去控制成本，反而不断提高医疗服务收费，而医保部门对此却无法进行有效的监督。

（三）缺乏竞争和退出机制

对于定点医疗机构的行医行为，医保部门也采取了一些措施进行事中和事后的监督，并对定点医疗机构的服务质量进行考核，但效果并不明显，各种套取医保基金行为仍然屡禁不止。从政府层面讲，医保部门与医疗定点服务机构的关系不是行政管理关系，而仅仅是一种契约关系，是通过签订医疗服务协议来进行监督管理的。部门之间的壁垒使医保部门对医院的行为不能充分发挥监督作用。医保经办机构由于其人员和条件的限制也决定了它的监督作用是非常有限的。

从医保层面讲，应对不符合规定的定点医疗机构取缔定点资格，但从医疗服务层面，这一医疗机构符合区域卫生规划要求，是服务半径内居民就医所必需的，取缔定点医院资格，将对服务半径内居民正常就医造成较大影响。

二、我国医疗费用上涨原因分析

（一）由供方引起医疗费用增长原因

1. 迫于生存压力

市场机制下的激烈竞争给医院造成很大压力，使得医院不断需要依靠增加药品收入、检查收入等手段来创收。因此，医疗机构在与社保医疗保险机构进行费用清算时，医疗机构可利用自己所拥有的信息优势，为使自身利益最大化，利用种种手段来骗取人们的医疗保险基金。

2. 不合理处方及用药问题

在信息不对称情况下，医疗行业和制药行业串通合谋，医生给患者开具不合理处方，用贵药从与其勾结的药商处拿回扣，使得医疗费用飙升，民众不满加剧。其主要手段包括用药多品种，用药超出药品报销范围、分解开具的处方以及限制处方金额等。

3. 住院、诊疗检查和收费方面的问题

主要表现在由于经济利益的驱动，一些没有医德的医生经不起检查开单费的诱惑，巧立名目要求患者做没有必要的检查；还有一些医院擅自提高入院收费标准，增设收费项目等。

(二) 由需方引起医疗费用增长原因

1. 患者就医行为缺乏约束、报销比例不均衡

在实行基本医疗保险制度后，最常见的情况就是人们拿着医保卡到医保定点医疗机构或医保定点药店开药，不管是不是需要的药品，甚至有用医保卡买补品和生活用品的情况。而且，在很多地方，需方在三级甲等医院与其在更低级别的医院就医报销的比例几乎一致，导致患者无论是大病小病都前往大医院医治，浪费了医疗资源，并促使了医疗费用的上涨。另外，还有一些地区出现了非医保患者冒用医保人员医保卡就医的情况。

2. 由保方引起医疗费用增长原因

(1) 个人账户管理混乱。由于医保机构缺乏管理个人账户的监督机制和审核机制，使得医保卡变成"购物卡"、非医保人员冒名医保人员看病等现象在全国各地时有发生。

(2) 起付线和封顶线设定不合理，医保限额设定存在不合理性。我国医保起付标准原则上控制在当地城镇居民年平均工资的10%左右。因为我国居民收入差距较大，所以起付线对于不同的收入阶层有着不同的意义。对于高收入阶层，起付线设置太低将不足以发挥其控制医疗费用的作用；对于低收入阶层，起付线设置较高则可能超过其承受能力，难以发挥医保的作用，反而增加了居民的负担。

(3) 医疗保险管理机构监督不力。近些年，我国社保医疗基金逐渐增多，因为机构监管不到位，不时会出现基金被截流、侵占、挪用的状况，影响社保医疗基金的正常运转；此外，在统筹社保基金过程中，多付医疗费用、违规设置个人账户、会计核算不规范等状况也时有发生。

三、我国医疗保险费用控制的难点

医疗服务和医疗保险领域存在的自然垄断与价格刚性、信息不对称导致的诱导性需求以及道德风险等因素是我国医疗保险费用控制的难点，以上因素直接或间接地推动了我国医疗保险费用过快增长。

（一）自然垄断与价格刚性

不同于其他普通商品市场，医疗服务市场并不具备完全竞争市场的标准条件。标准竞争市场假定：①有许多卖方，每一个都寻求最大利润；②买卖商品的质量是均一的；③买方有充分信息；④不存在进入和退出障碍。医疗保健服务是一种信誉物品，也就是说，一种消费者要依赖于从朋友、邻居或其他人那里获得的信息来对市场上可得的各种服务进行选择的物品。然而，每一个厂商提供的医疗服务和其他厂商都有差别，也就是说，厂商提供的是不同的服务。因此，这一市场可被视为垄断竞争市场。在这一市场中，消费者对价格和其他行为特征的反应取决于他对可能的选择的认识，或者说是信息量。因此，信息量的减少会降低需求曲线对价格的反应程度，造成均衡价格的上升。减少的信息量趋向于赋予每个厂商附加的垄断势力。

同完全竞争市场相比，医疗服务和医疗保险领域存在着自然垄断与价格刚性的特点，表现在医生抬高价格水平并不会失去他们的病人，因为病人可能更看重医生的态度和信誉。另外，病人缺乏关于其他医生特点及价格方面的信息。由于质量很难监督，病人寻找相关信息的成本是很高的，而劣质医疗服务的后果可能不堪设想。因此病人还需要借助大量的补充性安排以降低他们的搜寻成本。这些措施包括许可证和行医执照、医疗事故诉讼的威胁等，而这些措施又会增加医疗服务市场的进入障碍和相关的费用。医疗服务和医疗保险领域的自然垄断与价格刚性是医院的业务收入和医疗保险费用居高不下的根本性因素之一。

（二）由信息不对称导致的诱导性需求

我们一般假定，消费者对于他们要购买的有形商品了如指掌，但是，当一个人生病求医时，他就不那么了解什么样的医疗方法最合适，甚至对于自己的病情都无法确定。这时，能使他言听计从的人就是他的医生——恰恰是向他出售这种商品的人。

由于医疗行业的高度专业性和技术性，患者通常无法做出正确的决策，只能将决策权委托给医生代理时，就形成了医患之间的代理关系。在医生患者关系中，患者将权力授予医生，后者在很多情况下也是被推荐的服务提供者。权力委托的动机在于委托人认识到他们对于大多数合理的决定相对而言知之甚少，而解决这种低效率的最好办法就是找一个了解情况的代理人。然而由于利益的分歧，作为代理人的医生并不会采取符合委托人——患者的最大利益的行为，而且很难引入安排或契约以消除这种利益冲突。

作为患者的代理人，医生拥有处方权和对医疗技术的足够多的信息，而患者委托人不仅由于个体搜集、吸收和处理医疗信息的能力有限，而且由于信息传递的不完全和不充分，往往处于医疗信息的劣势地位，即产生了信息不对称。由此，医生处于特殊的垄断地位，使得医生能够利用他们的信息优势去影响患者的需求，提供过度医疗服务以谋取利益，即供给诱导需求，这就产生了医疗供方道德风险。

供给诱导需求起源于谢恩和罗默，他们发现短期普通医院的每千人床位数和每千人住院天数之间的正相关关系，这种现象被称为"只要有病床，就有人来用病床"，这一观察被称为罗默法则。按照传统的竞争理论，随着医生供给的增加，会降低医疗服务的价格。医生目标收入假说表明，随着医生的增加，医生会提高价格并刺激需求以达到他们的目标收入。如果医生建议病人做某项医疗检查或手术的话，不具有充分信息的病人不能完全判断自己是否需要医疗服务及所需医疗服务的数量和质量，更无从评估医疗收费价格与医疗服务价值是否一致，往往愿意接受检查或做手术，而不论这些医疗服务是否真有必要。而疾病治疗的不确定性也加剧了医疗供方的道德风险。疾病治疗的不确定性包括疾病患者的个体差异性、治疗手段的不确定性和治疗结果的不确定性。由于疾病治疗的不确定性，在诊断界限不明确的情况下，为了增加治疗的确定性，减少医疗技术事故的风险，医生从最大限度地减少自身损失的角度出发，往往建议患者做"高、精、尖"医疗设备的检查，更有甚者，一些医生在患者疾病已经确定的情况下，仍然建议患者做这些检查。综上所述，医方利用自身的信息优势，诱导患者不必要的医疗需求，虽然最大限度地减少了医方自身的损失，并提高了医院的业务收入，但其付出的代价却是人均医疗卫生费用和全国医疗保险费用的迅猛增长。

（三）医疗保险领域的道德风险

医疗机构中的卫生资源具有排他性和竞争性，例如，某一位医生为某一位患者服务时，其他患者就不能在同一时间、同一地点找该医生就诊，其他资源也是如此。医疗保险中的道德风险会引起过度浪费卫生资源、少数人占用更多的卫生资源、增多"因病致贫"家庭的数量等一系列的问题，最终加剧卫生资源的紧缺、加深社会矛盾、加重医疗保险的负担，导致社会总福利下降。

1. 医疗服务提供方的道德风险

医疗服务提供方的道德风险是指其利用对医疗信息的优势、服务过程的主导地位，在追求利益的目的下，而出现导致医疗费用不合理增长的机会主义行为。患者在就医的过程中，获取医疗服务的同时，也需要听取医护人员对其的建议，比如应该注意哪些行为方式、应当使用什么样的处方以及应当治疗多长时间等，医方在建议的过程中很容易诱导需求。美国经济学家罗默所发现的"只要有病床，就有人来住"一样，供给者诱导需求是合法但不合理的一种行为，其隐蔽性很强，即使专业人士也无法准确判断其行为是否属于道德风险，这也为医疗服务提供者留出了诱导需求的广阔空间。

2. 医疗服务需求方的道德风险

我国社会医疗保险的覆盖面在制度上已经实现了全覆盖，每一个社会成员都被纳入了不同层次的医疗保险体系，相比以前完全自负医疗费用时期，更多的人从心理上感觉到了实实在在的"减负"，但同时也增加了道德风险的数量，主要表现在以下两个方面。第一，心理因素所致。由于有医疗保险"帮忙"，心理上疏忽了对某些疾病发生的预防，因而增加了患病的概率，对医疗服务需求增加的同时，也增加了医疗保险的支付数量。第二，过度医疗需求。很多病人认为医院有安全感，在医院就比在家安全，加上医疗保险可以减轻其医疗费用的负担，因此，门诊的病人更加倾向于住院，即出现更多的"门诊挤住院"；而住院的病人则更加倾向于增加住院天数，直到其认为"完全康复"才出院；也有部分病人"小病大养"，这些行为会直接导致医疗费用的上升。

3. 医疗服务提供方和需求方合谋

医疗保险出现以后，病人可以用相同的钱置换到更多的医疗费用，社会的医疗总效用提高，病人有占用更多卫生资源的心理；医生向病人提供的医疗服务越多，其收入也就相应的越高。医疗保险提高了医疗服务需求和供给的数量，对病人和医生都有利可图，他们会在治疗的过程中相互合谋获益，例如自费药品开成公费药品，共同利用伪造病历骗取医保基金等，这些行为都可以导致医保付费的提高。

四、我国医疗保险费用控制难的原因分析

卫生事业能否持续发展的一个重要前提是医疗费用能否与社会经济发展水平相适应。过高的医疗费用将成为国民经济的沉重负担，最终影响卫生事业的发展和人民的健康保障水平。合理地控制医疗费用的增长已经成为世界各国卫生改革的一个重点。为了研究控制费用的策略，首先要搞清影响医疗费用上涨的因素，分清其中的合理因素与不合理因素、

可控因素与非可控因素，进而制定适宜的费用控制策略。

（一）影响医疗费用上涨的因素

医疗费用的上涨可以分成需求增加、成本推动、管理不善三个方面。

1. 医疗服务需求的增加

造成医疗服务需求增加的合理因素包括以下几个方面。①人口老龄化。随着生活条件的改善以及卫生服务水平的提高，人口老龄化已成为许多国家面临的重大问题。②疾病模式的改变。随着我国社会经济的发展、医疗卫生状况的改善，人群的疾病模式已发生重大转变，已从传染性疾病为主的模式，转变为肿瘤、心血疾病等慢性退行性疾病为主的疾病模式。慢性退行性疾病具有病程长、疗效差、费用高的特点。疾病模式的转变对医疗费用的增长产生了重要的影响。③职工保健意识的增强。职工保健意识的增强对医疗需求的影响是双向的，一方面，保健意识增强使职工更关注自己的身体状况的医疗服务条件，从而增加了就诊的次数和对医疗服务水平的要求；另一方面，保健意识的增强也促进了预防工作的开展，有利于及早发现疾病，及早治疗。造成医疗需求增长不合理的因素有：①超前消费；②浪费严重。由于过去的公费劳保医疗制度对病人和医师都缺乏约束机制，造成了卫生资源的巨大浪费。

2. 医疗服务成本的推动

造成医疗服务成本增加的合理因素包括以下几个方面。①医学科技水平的提高。科技的发展推动着药物和治疗技术设备的不断更新，同时医疗成本也在提高。②物价的上涨。居民一般消费品价格的上涨必然对药品、医用原材料等医疗成本造成重大影响，医疗服务收费标准也将进行相应的调整。

造成医疗服务成本增加的不合理因素包括：①由于对卫生人力和机构宏观管理不力，造成一些地区滥办医、乱办医，医疗机构和医务人员过剩；②盲目追求高精尖的大型医疗设备，造成重复浪费；③药品价格体系和药品市场的混乱，造成新药、特药、进口药的价格不断上涨。

3. 管理不善

主要表现在下述四个方面：①对医疗服务供需双方缺乏有效的制约机制，二者缺乏费用意识；②卫生资源配置不合理、重复浪费与不足并存，同时缺乏有效的分级转诊体系，造成医疗机构的层次、功能分化不合理，卫生资源过分集中于大中城市和三级医院，基层、社区和初级卫生保健资源缺乏；③医院补偿不足与医疗服务价格的扭曲并存，造成医院滥用昂贵的检查与药物；④监督管理力度较低，长期对药物和医疗设备的购买使用缺乏有效的监管措施和力度，对医疗费用增长的监督控制措施乏力。

（二）医疗费用的控制策略

1. 控制医疗费用的途径

控制医疗费用的目的是使医疗费用的增长与社会经济的发展水平相适应。控制医疗费用的途径主要包括需方控制和供方控制两条途径。

（1）需方控制措施

需方控制主要是运用经济手段制约参保者的过度或超前的医疗需求，或者通过预防保健提高人群健康状况来减少需求，以达到减少费用的目的。需方的控制措施主要包括下述六个方面：①费用分担，即通过设起付线、封顶线、按比例分担等方式增加医疗消费需方（参保者）的自负费用比例，或减少费用报销比例；②缩小医疗保险报销范围，如制定药品报销范围，将一些治疗技术列为不报销范围；③对节约费用者予以奖励，如德国对一年内不就医者奖励一个月的保费；④超额费用者征收附加税，例如规定个人医疗保险费用超过某个限制度后，其超额部分征收附加税或用收入所得税抵补；⑤加强费用意识教育，对违规者进行惩罚，如取消就医资格、处以罚款等；⑥健康促进，如加强计划免疫工作、禁止吸烟、提倡良好生活习惯等预防保健工作。

（2）供方控制措施

由于医疗消费中的供方垄断性的特点，使得供方控制的重要性远远高于需方控制。供方控制的主要措施有以下六点。①卫生服务机构与人力的控制，包括总量控制与结构调整两个方面。常见的措施有进行区域卫生规划，限制医院数量与规模，控制社会办医，限制医学院招生人数，限制医生人数，调整专科医师与通科医师的比例，调整各级、各类医院的比例，鼓励医务人员向基层流动。②卫生服务项目与内容的控制，包括限制医院贵重仪器和设备的配置和使用以及某些药物的应用等措施。③卫生服务供给量的控制，主要包括医疗费用预算控制，医疗经费预算包干等措施。④增加非住院保健项目，如开设家庭保健机构、开设慢性病卫生保健机构、提倡门诊手术、开设夜间医院。⑤加强医疗服务监督，如检查、监督医院和医生的收费、检查和用药行为，审批高档检查项目，限制转诊，制定转诊范围与条件；制定医疗行为规范，加强对医生的费用意识教育。⑥采用合理的费用支付方式，如按病种付费、按人头付费等支付方式。

2. 控制医疗费用的配套措施

医疗费用的控制是一个系统工程，必须根据现实的条件，与各种相关的配套措施共同推进，才能取得较佳的效果，否则有可能激化矛盾，影响费用控制的效果。控制医疗费用的配套措施主要包括下述六个方面。

（1）实施区域卫生规划，合理配置卫生资源

区域卫生规划是根据区域的疾病谱和医疗需求的变化，制订该区域内卫生资源优化配置的方案，并加以实施。区域卫生规划是政府对卫生发展实施宏观调控的重要方法。通过区域卫生规划，重新调整卫生资源布局，形成以一所综合医院为中心，以专科群体为网络，以初级卫生保健机构为基础的卫生服务体系，使卫生资源配置趋于合理，医疗服务市场更加规范有序，从而为医疗费用的控制奠定良好的宏观基础。

（2）理顺医疗服务价格体系，调整医院补偿机制

补偿机制不完善是造成滥用药、滥检查等不良医疗行为的根源之一。完善补偿机制要从下述两方面入手：一是对各类医院进行重新分类定性，明确性质，对以福利性为主的医院要保证政府补贴到位，对以经营性为主的医院减少政府补贴；二是对各类卫生服务项目进行成本核算，建立健全合理的医疗服务价格体系，例如，降低过高的设备检查、项目的收费标准，提高技术劳务收费项目的收费标准。

（3）整顿医药市场，加强宏观调控与微观监督

药品费用的上涨是我国医疗费用上涨的重要原因之一。我国药品费用占医疗费用的比例一直居高不下，居于世界各国前列。对药品费用的控制，不仅要对使用环节进行监督检查，更要对生产、销售环节进行整体的宏观控制，如鼓励、引导制药工业生产优质药品，保证安全、有效、经济的药物的生产和供应，避免不必要的重复生产和盲目生产。另外，还要加强药品的价格管理，控制药品的生产和销售利润。

（4）打破医药不分的垄断体制，实施医药分流

目前追求药品加成收入已成为许多医院"增收"的主要途径，造成了药品的滥用和医疗费用的上涨。为改变上述状况，实施医药分流已是大势所趋。医药分流有药品配置中心、药品管理办公室、药品单独核算、医药分业管理等四种形式。要结合各地的实际，探索适合本地区的医药分流形式。

（5）深化医疗机构改革，引进竞争机制

医疗费用的难点之一在于医疗服务提供者的专业垄断性。为克服这种专业垄断性，就必须深化医疗机构改革，引进市场竞争机制，形成一个医疗服务的内部市场。医疗保险机构作为医疗服务的需方代表，通过约定医院的方式来选择提供质优价廉服务的医疗机构，使医疗机构产生提高效率、改善服务质量的内在动力。医疗机构的竞争主要应在同级同类医院展开，必要时医疗保险机构可以拥有自己的医疗机构，以避免因取消某家医疗机构的

约定资格，而给参保者就医带来不便。

（6）开展医学技术评估，制定诊疗规范

医学技术的发展日新月异，一方面推动了医疗服务水平的提高，另一方面也促进了医疗费用的上涨。对高新技术必须进行评估，评价其安全性、有效性和经济适用性，并在评估的基础上，决定该项技术的应用范围、收费标准和医疗保险给付办法。另外，在传统的医疗行为中，不同医疗机构、不同医师对同一种疾病治疗所花费用差异很大，这种现象背后的重要原因是缺乏严密、统一诊疗规范。制定诊疗规范，有利于规范医疗行为，加强监督力度，减少不合理费用的发生。

3. 医疗费用控制的发展趋势

（1）控制对象从侧重需方向侧重供方发展

医疗服务供方垄断性的特点决定了医疗费用控制的重点在供方，而且需方控制到一定程度会造成需求的抑制甚至影响社会的稳定。着重对供方的控制是世界各国控制医疗费用的趋势。

（2）控制目标从数量控制向结构控制发展

主要表现在四个方面：一是从卫生资源结构上看，大大加强了对人力资源投入的控制；二是从医生结构上看，着手调整通科医生与专科医生的比例；三是从医疗服务结构上看，逐步增加初级保健、预防和非住院治疗服务的投入比重；四是从价格结构上看，逐步调整不同服务项目的相对价格。

（3）控制层次从微观向宏观发展

即费用控制的重点由对医疗行为的微观监督、检查转向合理配置卫生资源的宏观层次。如通过区域规划、医疗机构和医师的市场进入控制以及大型设备的购置控制限制卫生资源的不合理扩张，降低医疗费用的成本推动作用。

（4）控制关系从对立向协同发展

传统的医疗保险对医院的控制是一种检查与被检查的对立关系。近来，许多国家实行了总额预算、按病种付费等支付方式，使费用控制与各方的经济利益结合起来，通过引进经济激励机制使被控制者变成自我控制的主体，从控制的对立关系变成协同控制的关系。

第二节　我国医疗保险费用控制对策

医疗保险费用控制一直是世界各国医疗保险面临的最大挑战，结合我国国情特点，特提出我国医疗保险费用控制对策，本着积极有效和发展的观点，在医疗保险费用控制过程中应当首先遵循以下基本原则。①宏观调控与微观控制相结合的原则。宏观调控是政府通过政策的调整和完善，从宏观上针对医疗保险制度及组织机构，对医疗机构质量和服务投入以及医疗服务收入的取得进行具体调控，直接干预。如针对医疗服务收费价格的控制，对医疗机构基础设施及大型医疗设备引进等的投入控制，对药品价格控制、药品报销范围和使用范围的控制，对投保人群补偿范围及补偿标准的调节控制等。医疗保险费用的微观控制是指医疗保险经办机构根据医疗保险管理的要求对医院的医疗服务费用、药品费用以及费用发生过程的医疗服务行为进行直接的监督，是医疗保险业务管理的一个重要组成。②长期控制与重点控制兼容的原则。医疗保险费用的长期控制是医疗保险经办机构的一项重要任务，它通过制定各类规章、制度、办法、标准等措施来实现，如医疗保险定点管理制度、定点合同、费用结报办法、考核办法等。重点控制是指对医疗费用发生过程中的单个单位或某个项目进行重点监督和重点控制，是规范定点医疗行为的一项有效措施。如针对单个定点单位存在不规范医疗行为进行的阶段性、突击性控制监督，对在病人就医过程中反映较多的收费问题和用药问题的控制监督，对医疗收费中较含糊的检查费、治疗费、材料费、手术费四大收费项目的重点控制等。③供方控制与需方控制并举的原则。供方费用控制是针对医疗机构的供给者诱导病人医疗需求的控制，是针对供方主体——定点医疗单位以及诱导医疗需求的实现者——医务人员进行的双重控制、总量控制。定额结算是目前医疗保险运行体制下运用较广的一种供方控制手段。需方控制主要是为了控制医疗费用需求方——参保病人的道德风险，道德风险失控所造成的医疗需求膨胀对医疗保险制度的冲击，三者成正比例量化。这里所指的道德风险是指参保人员患病时的医疗需求围绕本人的意愿来实现时所发生的医疗费用对医疗保险制度造成的影响程度。道德风险影响疾病风险，它取决于病人和医生的决定，最主要由医生决定。因此，在医疗保险费用控制中，供需双方应并举进行，缺一不可。④自觉控制为主强制控制为辅的原则。医疗供需双方是一对既矛盾又不可分割的共同体，共同演绎着医疗费用发生以及补偿的全过程。控制医疗费用是对供需双方的控制，从长远观点来看，供需双方自觉的控制行为是自觉地遵守医疗保险的各项规定，积极有效地利用医疗资源，而不是浪费；以提供基本医疗为保障目的，而不是无限制的需求，这是适合我国国情的、符合我国社会医疗保险建立和发展需要的。强制控制是一种短期需要，而不是长期目的。特别是对于医疗保险这样涉及面广、利益敏感的社会保险来说，强制手段可能在短期内收到一定的效果，但同时也会产生一定的矛盾。所以，强制控制只能作为一种临时性、应急性的费用控制措施，不能经常性地或长期使用，应贯彻自觉控制为主的原则。⑤控制求发展的原则。控制是一种手段，其目的是更好地发展，而不是制约发展。首先，通过对医疗保险费用的有效控制来确保医疗保险的正常运行，在运营中不断完善、不断发展；其次，通过有效的费用控制手段来进一步规范医疗服务行为，充分利用医疗卫生资源，确保医院能合理地、及时地获得补偿收入，促进医院的稳步发展；最后，有效的费用控制是维护职工利益的需要，同时也是公平地解决费用分担机制的需要，是建立独立于企事业单位之外的医疗保险制度的需要，是企业发展的需要，这里有一个度的把握问题。医疗保险费用增长过快，不利于医疗保险的正常运行，医疗保险费用控制过多，也会在一定程度上影响医疗服务质量，因此一定要把握好这个度，通过控制求得更好的发展。

一、强化对医疗保险费用的宏观控制

由于社会医疗保险是政府举办的强制性的社会保险项目，政府负有平衡风险和确保其长效发展的责任。政府不直接参与微观管理，但总会通过行政的、经济的调控措施来保障其举办医疗保险目的的实施。所以，对医疗保险费用的宏观控制，主要是针对政府的调控职能而言，包括宏观政策控制、宏观组织控制和宏观经济控制三个方面。

宏观政策控制包括国家宏观政策控制、省级政府宏观政策控制以及统筹地区政府宏观政策控制三个层级。

（一）国家宏观政策控制

国家宏观政策控制，是指国家为建立具有中国特色的社会医疗保险制度所采取的一系列调控措施，也可称为医疗保险强制性计划，可概括为三个方面：

1. 基本政策控制

通过颁布法律、法规，建立全国统一的基本医疗保险政策框架，以国务院《关于建立城镇职工基本医疗保险制度的决定》为标志。作为全国城镇职工医疗保险制度改革的指导性文件，本着在大的原则上统一，具体办法体现差别的精神，明确了改革的任务、原则和主要政策，确定了我国社会医疗保险制度的基本框架，提出了建立基本医疗保险制度的具体要求，既具宏观控制作用，又具实践指导意义。

2. 配套制度控制

通过制定相关的配套制度对基本医疗保险制度的建立、实施和运营起宏观规范作用。20 世纪末期，在国务院决定的基础上，先后出台了一系列的配套制度，包括《定点医疗机构管理暂行办法》《定点零售药店管理暂行办法》《基本医疗保险用药范围管理暂行办法》《基本医疗保险诊疗项目管理意见》《基本医疗保险医疗服务设施范围和支付标准的意见》《基本医疗保险费用结算管理意见》等，构成了医疗保险的宏观制度管理体系。

3. 协调改革控制

医疗保险的费用管理和控制是实施基本医疗保险的重要环节。医疗保险费用又具体表现在医疗机构和药店提供的医疗服务和药品上。因此，职工医疗保险制度改革必然深刻地影响医疗服务和医药生产流通体制。医疗机构和药品生产、流通企业的配套改革须与医疗保险制度改革同步进行、协同推进。对此，国家颁布了一系列文件，从宏观上加强改革的协调同步。

（二）省级以及统筹地区政府宏观政策控制

省级政府宏观政策控制以及统筹地区政府宏观政策控制，是国家宏观政策控制的延续和细化，总体内容基本相同，但更具实践指导意义，调控措施也更具灵活性，特别是对统筹地区政府来说，因为要直接承担制度建立和平衡风险的职能，所以对医疗保险费用的宏观控制更具迫切性和现实性，而且往往会和微观管理职能交织在一起来组织实施，进行多方位的调控。

1. 宏观组织控制

宏观组织控制包括医疗保险宏观组织控制和医疗机构宏观组织控制两个方面。医疗保险宏观组织控制包括医疗保险行政管理、经办机构建设和监督管理三个部分，以及三者之间的相互控制和激励机制，并自上而下形成宏观的组织管理控制体系。

医疗机构宏观组织控制是从宏观的角度协调各级医疗服务关系，使医疗资源的利用达到最佳优化状态。现实情况下，各级医疗机构是相互分离的独立的利益体。当各级医疗机构相互分离，同一病人同一病情的治疗在不同层次的医疗机构会重复进行，病人因此会承受损失和过度检查用药的痛苦，医疗保险也会因此而增加更多的费用支出。建立医疗机构宏观组织控制机构，包括定点服务机制、分层服务机制、定向转诊机制等，使不同等级的医疗机构在医疗保险条件下形成层次分明的、既竞争又合作的医疗服务体系，在医疗资源得到最佳利用的同时，病人能获得合理的快捷的治疗，医疗保险费用支付也处于合理状态。江苏省镇江市正是深刻认识到了合理的医疗保险宏观组织控制不但可以造福人民，还有利于医疗保险行政管理、经办机构自身的发展。因而在实践中，一方面进一步深化医疗保险行政管理和经办机构内部运行机制改革，努力降低运营成本，用低廉的管理、医疗成本提供比较优质的服务；另一方面，建立行之有效的人员管理制度，强化内部分配考核制度，从制度和经济上多方面制约不规范行为。

2. 宏观经济控制

医疗保险费用的宏观经济控制是政府利用经济杠杆的作用有效调节医疗保险供需以及医疗服务供需，以求综合平衡的一种手段，包括财政政策、税收政策和价格政策以及补充计划等。

（1）财政政策

财政政策是政府在一定时期内，为了实现一定的经济目标，综合运用各种财政调节手段，对一定的经济总量和结构进行调节的方针和措施，是政府进行宏观经济管理的重要手段，包括总量调节、结构调节和利益调节三个方面。一是总量调节。医疗保险坚持"以收定支，收支平衡"的原则，即医疗保险基金的可供总量与医疗保险费用的支出总量应保持平衡。当总量供求失去平衡时，可运用总量调节手段调节平衡，如通过提高筹资水平和筹资基数来增加可供总量，通过减少医疗保险费覆盖项目或适当提高个人自付水平等措施来减少支出总量。实施多层次、复合式的结算方式也表明，总量调节和总量平衡是医疗保险费用控制的总前提。二是结构调节。包括收入结构调节、消费结构调节、投入结构调节等。体现在医疗保险上，收入结构调节是调节可供总量的重要手段，如在费率确定的情况下，单双基数对收入的调节，针对不同的参保人员组成结构分别采取相应的征收政策等。消费结构调节是针对医疗服务供需双方采取的调节措施，以调节费用支出结构，如实行医药分开核算，降低药品费用支出所占比重，适当提高医疗技术服务所占比重，以调节医疗费用组成结构；明确个人账户用于门诊小额医疗费用，统筹基金主要用于住院医疗费用，以调节总费用组成结构，同时约束参保人员的医疗消费结构；明确对使用大型医疗设备或进行特殊医疗检查个人应承担的自付水平，以调节参保人员的消费方向，约束其消费行为，控制费用流向和流量。投入结构调节是通过政府对医院的投入控制来合理配置资源，降低医疗服务成本，控制费用总量的一种手段。三是利益调节。包括对参保人员的利益调节，以及对医院的利益调节。对参保人员的利益调节是在公平性的原则下，适当体现差别，主要有：个人账户的记入根据本人工资总额的一定比例确定，同一群体参保人员在统筹基金使用上体现公平，但因各人工资总额不同，个人账户的记入体现差别；对退休人员体现适当照顾的原则，退休人员个人不缴费，退休人员个人账户的记入体现适当照顾的同时，统筹个人自负比例也适当降低等。对医院的利益调节主要表现在：医院要适应医疗保险制度改革，君子取财要有道；在促进医疗保险制度改革的同时，必须保持对医院的必要投入和补偿，确保医院的发展前景。

（2）税收政策和价格政策

税收政策和价格政策是财政政策工具，具有调节供求平衡关系的作用。由于我国医院总体具有福利性的特点，政府投资占主要地位，所以在目前阶段，税收政策调节医疗保险以及医疗服务供求平衡关系的作用尚不明显。但可以肯定，随着医疗机构分类管理的实施以及医疗机构有关税收政策的落实到位，税收政策的调节作用将逐步得到发挥。价格政策决定医疗服务价格体系，对医疗保险费用产生直接的影响。我国现阶段，价格政策一般由三部分组成：一是政府部门的直接定价政策；二是政府指导价格政策，实行上限规定；三是自主定价政策。由于医院具有独特的职业垄断性以及人们对医疗服务需求的必然性，导致医疗服务价格的所谓"刚性"，即要也得要，不要也得要。所以价格政策对人们的医疗服务需求而言，特别是对医疗保险参保人群而言，影响不太明显。影响较大的主要两个方面：一是对无医疗保障的人群，也就是广大的农民百姓，医疗服务价格的高低，对其个人以致家庭影响深远，因病所致的贫困现象时有发生；二是对医疗保险基金，参保人群的费用风险直接由医疗保险基金承担。所以，对于医院纷繁复杂的医疗服务价格体系，必须强化价格政策的调控作用。

（3）补充计划

补充计划是针对基本医疗保险的不足，为满足多层次的医疗需求，充分利用医疗资源，政府通过制订补充性医疗保险计划来再调节供求关系的一种措施。补充是相对于基本而言。从广义来理解，补充医疗保险应包括职工个人在参加基本医疗保险之后，再缴费投保的商业性医疗保险，企业、行业在参加基本医疗保险之外，又组织建立的其他医疗保险形式，以及儿童、农民等未被基本医疗保险覆盖的特殊群体所实行的医疗保险形式等。但在基本医疗保险制度框架下，补充医疗保险是狭义的概念，指特定企业、行业在基本医疗保险之外，再筹资建立的医疗保险计划，一般包括企业（行业）补充医疗保险、公务员医疗补助、职工和家属医疗互助、大病补充医疗保险等。在同一统筹地区内，补充医疗保险计划的建立，有利于满足多层次的医疗服务需求，使潜在的风险通过补充计划合理分流，对基本医疗保险制度起保护和促进作用。

二、强化对医疗保险四方的控制

（一）对医疗服务需方的费用控制途径

1. 费用分担

常见的费用分担方式有以下几种类型：扣除法（起付线）、共付法（参保人和保险公司共同付费)、限额法（封顶线）、扣除法与共付法相结合等。在全国范围内实施的社会基本医疗保险制度明确规定了统筹基金和个人账户各自的支付范围，分别核算，不得互相挤占，并确定了统筹基金的起付标准和最高支付限额。起付线以下的医疗费用由个人账户支付或由个人支付。对于起付线以上，最高支付限额（封顶线）以下的费用，主要从统筹基金中支付，但个人也要负担一定比例。超过封顶线的医疗费用，可以通过商业医疗保险等途径解决。通过费用分担，提高个人自负能力，增强参保人的费用意识，减少不合理及不必要的医疗服务消费。但在引进费用分担机制的过程中，要正确处理公平与效率之间的矛盾，要兼顾一般人群与特殊人群的差异，要消除收入与风险的剪刀差等诸多问题，确保特殊群体的基本医疗。

2. 缩小医疗保险报销范围与报销比例

为了有效控制需方过度需求和超前消费，可增加法定的医疗保险非覆盖服务范围，如制定药品报销范围，减少基本用药品种，增加限制药品品种，除了制定药品报销目录外，还可制定不予报销的药品目录。

3. 处罚措施

加强费用意识教育。加强对参保人进行保险费用意识教育，一旦发现就诊时冒名顶替、费用转嫁等现象，则对违规参保人员进行严肃处理。如通报点名批评、经济处罚、吊销或取消医疗保险就医卡等。

（二）对医疗服务供方的费用控制途径

由医疗服务市场的特殊性以及医疗消费的特殊性，控制医疗保险费用的关键在于对供方的费用控制。

1. 对供给量的限制

通过对供给量进行限制，可以控制医疗服务供方的费用，具体措施如下。

一是资金预算限制。采用资金预算限制或总额预算制，控制医疗保险费用的上涨幅度。政府可制定相应的卫生政策，控制医疗费用的上涨幅度。上海市 20 世纪 90 年代中期起对医疗机构医药费用实行"总量控制"结构调整的政策，有效遏制了医疗保险费用的增长速度。我国基本医疗保险制度应进一步施行医疗保险费用的"三总控制"：卫生资源的总量控制——小于区域卫生规划；医院收入总量控制——小于 GDP 年平均增长率；医疗保险费用的总量控制——小于职工资总额年增长率。二是医疗保险经费预算包干。对公立医院实施年度内医疗保险经费预算包干，结余归医院，超支不补。同时鼓励医院加强医疗质量管理，提高床位周转率，缩短住院天数，降低住院成本，减少"诱导性"或"超前性"医疗消费行为。此外，防止供方的道德危害和价格歧视，全面实行诊疗常规、使用成本低，效果好的诊疗技术，同时做到合理检查、合理用药、建立医院用药三目录。限制医院的规模和数量，转换医院功能。医院规模的限制指医院床位数量的限制与床日费用定额的限制。同时针对人口老化的特点，将医院转换为慢性病医院或老年保健院。限制医院贵重仪器设备的配置与使用。限制医院和医疗诊所购置大型贵重医疗设备是有效防止医院过度扩充医疗设备和服务、缓解医疗保险费用上涨的有效措施之一。

2. 卫生人力资源的限制

通过对卫生人力资源的限制，可以控制医疗服务供方的费用，具体措施如下。①医生人数的限制。②医务人员结构的调整。合理调整临床医师与预防医师、专科医师与全科医生医护及医师与辅助人员的比例，使卫生人力资源配置趋于合理化，是降低医疗保险费用的有效措施。③对社会办医的控制。控制社会办医和个体开业医师的数量，不仅是确保医疗质量，而且是控制医疗保险费用增长的另一有效措施。④鼓励医务人员流向基层。采取激励措施鼓励医务人员向基层服务地区流动，向社区卫生服务机构流动，以此控制发病率，降低医疗保险费用。

3. 增加非住院保健项目

可针对服务对象的医疗卫生需求，开办低成本的老年护社院、让区卫生服务中心，设置家庭病床，为老年人提供医疗保健和家庭式照料；为病危病人、临终病人、晚期癌症病人在家庭内提供医疗护理和善后医疗保健服务，开设长期卫生保健服务站，专门为慢性病人和生活不能自理的残疾人提供长期或终身的医疗护理服务，或提供以居住式为主的医疗护理服务。开设夜间医院，患者为夜间提供医疗服务和私人保健服务。

4. 加强对医疗服务机构的监督与管理

由医疗保险机构对医疗单位进行考核，择优确定合同医疗单位。增设参保就医点，加大职工自主选择定点医疗机构的"自由度"，促使医疗单位以优质高效、合理收费来吸引患者；调整不合理的医疗服务价格和医药费结构，提高医务人员的技术劳务价值；通过制定医疗保险基本用药范围、基本诊疗项目和诊疗常规，规范医疗机构的经营行为，限制转诊，控制医药费用的过快增长；加强对医生的医德医风教育，对违规医院和医生进行行政通报或经济处罚。

（三）医疗保险机构费用控制途径

1. 制定并完善相应规章制度

统一经办基本医疗保险费用控制事务结合本地实际，研究制定具体实施办法，建立各医疗保险费用控制的岗位职责与工作制度，加强各操作环节的监控。各级医疗保障部门要指导社会保险经办机构切实加强基本医疗保险的基础管理工作，建立健全统计信息、档案资料的管理制度，并按部门的统一规划开发相关的数据库。

2. 完善费用登记、收缴工作

根据基本医疗保险缴费单位和个人的基础档案资料，并与缴费单位建立固定业务联系。依据核定的基本医疗保险费数额，开具委托收款及其他结算凭证，通过基本医疗保险基金收入户征集基本医疗保险费，或者由社会保险经办机构直接征集。以支票或现金形式征集基本医疗保险费时，必须开具社会保险费收款收据。及时整理汇总基本医疗保险费收缴情况，定期汇总、分析、上报基本医疗保险费征缴情况，提出加强基本医疗保险费征集工作的意见和建议。

3. 深入研究各种支付方式，完善医疗保险费用结算办法

首先，鉴于各地比较普遍地采用了住院定额付费方式，并逐步探索出了适合当地实际的审核与监控措施，系统总结地方经验，加以归类、总结和推介，并在此基础上完善确定基本医疗保险费用总额预付额度和按服务单元付费支付标准的科学方法；其次，随着医疗保险改革的深入和医疗服务价格项目的规范，国家医疗保险管理部门应适时启动按病种付费研究，组织专家制定基本医疗保险病种费用支付参考标准及结算规范，致力于解决一些地方无力解决的问题；最后，应组织专家对按人头付费方式以及管理型医疗保健组织等进行前瞻性研究，从长远发展看，国家应组织力量对之进行系统研究，包括其所必然涉及的风险调节方法等。

4. 健全医疗保险费用支出监测体系

建立医疗保险费用支出监测制度是防范医疗保险基金风险的重要前提，是完善医疗保险政策和优化决策过程的必然要求，也是制定和调整医疗保险费用支付方式与标准的基础。从全国情况看，现有医疗保险统计难以全面反映参保人员全部医疗费用支出情况。不少统筹地区尚未针对医疗保险费用和基金收支情况，建立系统而灵敏的监测体系，应尽快把这一工作进一步开展和完善起来。完整而系统的医疗保险费用支出监测体系包括四个部分：基本医疗保险费用支出总体情况监测、基本医疗保险定点医疗机构情况监测、基本医

疗保险出院病人情况监测、基本医疗保险定点零售药店情况监测。

5. 完善"三个目录",加强医疗服务项目标准化管理

首先,要进一步完善基本医疗保险药品目录,使之体现基本医疗需求下的医药科技进步。加强对药品与诊疗项目的使用监测与经济学评价,使原则性的政策要求进一步转化为具体操作。其次,应随着医疗服务价格项目的逐步规范,以准入法制定基本医疗保险诊疗项目目录。鉴于医疗服务价格项目规范以后,一次性医用材料的支付问题仍难以解决,应尝试制定基本医疗保险一次性医用材料目录。最后,要与相关部门协作,规范"三个目录"及诊断代码等技术标准。建立和完善基本医疗保险药品、诊疗项目和一次性医用材料数据库以及疾病诊断库,做好药品通用名与商品名的对应,逐步建立完整的医疗保险医疗服务管理信息库。

(四) 政府在医疗保险费用控制中的作用

1. 完善社区卫生服务

近几年,我国社区卫生服务事业有了较大的发展,但是尚未形成一套适应我国的完整理论体系和科学管理制度,其中重要的缺陷之一就是全科医生的首诊制尚未建立,全科医生被认为是卫生服务系统的"守门人",是社区卫生服务得以实现的关键。首先,建立与完善我国的全科医生首诊制,是社区卫生服务中心落实"以居民健康为中心"责任的关键所在。其次,明确医院和社区卫生服务中心的功能、职责及服务范围。改变医院三级分级管理体制为分工合理的二级医疗服务体系,并严格限定其各自的职能。卫生行政管理部门要制定相关的制度,逐渐规范各自的职能。居民看病应首先找到自己的全科医生,由全科医生决定处理方案,如是否需要转诊和会诊,或需要选择专科治疗。再次,医疗保险政策的支持。许多地方医疗保险已在居民就诊报销比例上对社区卫生服务给予了政策的支持,即提高居民在社区卫生服务中心就诊的报销比例。这个政策的确对吸引部分居民到社区卫生服务中心就诊起到积极的作用。最后,提高全科医生业务水平,改善全科医生的服务态度。

2. 加强药品管理

医疗保险费用持续上涨,药品费用的持续升温是很重要的一个因素。药品需要经过生产、流通以及消费领域,最后才到消费者手中。长期以来,医院处于市场的主体强势地位,医药企业因依托医院销售药品而生存,不得不用药品高定价、高回扣的办法来满足医院需要。而患者处于市场的最弱势地位,为除病强身,明知自己的利益受到侵害,也只有

接受高价药品、高消费的现实。药品价格居高不下的根源，在于我国以药养医的医院补偿机制。因此必须实行医院改革，实行医院经营与药品经营相脱离或采用分开独立核算的办法。在药品的价格管理上，目前我国实现的是国产品与非国产品双轨制。国药产品价格长期被政府所控制，所以价格高的不多。合资、独资乃至各种渠道从国外进口的产品，由于不受政府物价部门的控制，而且又伴有巨大需求，价格长期居高不下，有的竟达其成本的若干倍。有效的控制措施是改革现行的药价管理体制，实行"同效同价"，取缔"洋药品"的价格优势。此外，还应编制药品价格指数，控制药品价格的涨幅。

3. 在医院之间引入竞争机制

个体医院迅速发展，其他部门、企业和社会组织等承办的医疗机构也纷纷向社会开放，扩大了医疗服务的供应。如果国家对民营及其他所有制医院采取大幅度的优惠政策，并将其中向患者提供质优价廉服务的医院纳入医保定点医疗机构，鼓励各种所有制的医院之间展开竞争，那些接受社会保险医疗机构的定点单位就不会有强烈的优越感，而会在每种病平均用药量范围内积极地进一步提高诊断技术、减少用药开支、节约其他治疗费用。同时，对每家医院同一种病的处方单所用药进行统计比较，并将明显开大处方医院逐出社会医疗保险定点单位的范畴，从而鼓励医院控制医疗费用，提高资源利用效率。

三、强化对医疗保险费用支付方式的改革

（一）选择支付方式的基本依据

1. 符合现阶段国家发展卫生事业与健康保障事业的总体政策

我国卫生事业的性质是政府实行一定福利政策的社会公益事业，发展卫生事业的目的是为人民健康服务，为社会主义现代化建设服务。医疗保险费用的支付方式必须有利于医疗卫生事业的健康发展，决不能以牺牲卫生事业来发展健康保障事业，卫生事业与健康保障事业应相辅相成、协调发展。支付方式的确定要有利于促进医院管理的科学化和现代化，有利于促进医疗机构由粗放型经营向结构效益型转变，由单纯注重收入型向注重成本效益型转变。现阶段社会医疗保险事业强调低水平、广覆盖，强调保障职工的基本医疗，因此支付方式的选择必须符合国家的总体政策。

2. 适应现阶段卫生管理体制和社会医疗保险管理体制

目前，我国的卫生管理体制和社会医疗保险管理体制是偏向计划型的，但同时又具有市场型的某些特征，因此在选择医疗保险支付方式的时候要兼顾两方面的特性。脱离我国

现阶段的卫生管理体制和社会医疗保险管理体制来选择医疗保险支付方式，或者一味地照搬其他国家的做法，都将阻碍我国健康保障事业的健康发展。

3. 考虑现阶段医院管理和医疗保险管理水平

一种支付方式的实行需要有相应的医疗费用信息、医院管理信息、医院管理手段和医保管理手段作为支撑。一种支付方式的设计不能脱离现实的医院管理和医保管理条件。

4. 兼顾控制费用和提高医疗服务质量两方面要求

实施医疗保险制度改革的重要目标之一是要控制医疗保险费用的过快上涨，与此同时，也要促进医疗服务质量的提高，既能保证职工的基本医疗，又能有效地减少浪费，合理利用卫生资源，提供适宜的卫生服务。医疗保险支付方式的选择绝不是一味追求如何控制医疗机构和被保险人的费用支出，而是减少浪费，为参保对象提供价格合理、质量较好的卫生服务。

（二）医疗保险方支付方式的选择

保险方支付方式的选择难度远高于被保险方支付方式。根据国内外医疗保险的经验教训，对我国的保险方支付方式有两点已达成基本共识：一是必须改革单一的按服务项目付费的支付方式；二是支付方式的作用发挥是一个系统工程，需要卫生服务价格改革、建立质量保证体系等多项配套措施。根据各种支付方式的特点，我国保险方支付方式选择的基本思路主要包括以下几种。

1. 根据医疗服务的多样性综合应用多种支付方式

由于医疗服务多种多样，从服务的种类、人群、地区、要求等角度，可以将医疗服务进行多种划分。如门诊服务、住院服务，手术治疗、非手术治疗，基本医疗、非基本医疗，还有不同的科别，参保对象有退休职工、在职职工，还有不同地区等。根据各种医疗服务的不同特点，对医疗服务供方的支付可以综合应用多种支付方式。选择支付方式的基本原则是有利于保证基本医疗、费用控制和管理简便。如对社区卫生服务可以采用按人头付费的办法，对特殊的疑难疾病可采用按服务付费的方法，对于诊断明确、治疗方法相对固定的病种可实行按病种付费，而对床日费用变动较小、床位利用率较高，又难以通过延长住院天数来增加费用的疾病可采用按床日费用付费的方法等。

2. 建立质量评估监测体系，结合质量校正系数调整给付费用

为了激励医院在总额预算内加强管理，降低消耗，提高医疗服务质量与效率，减少医院采取不合理手段增加收入的行为，可以建立一个由病人及其家属、医学专家等多方人士组成的医疗质量评估体系。每月或每季度对医院进行考核，根据考核结果打分，得出一个质量校正系数。医疗保险机构根据这个系数对支付给医院的费用进行调整，从而建立起经济上的激励和奖惩机制。质量校正系数的确定必须考虑患者的反应、医疗服务量、服务态度、医疗质量、医疗管理等多方面的因素。为了操作简便，可以在每次支付给医院费用时，预留一定比例的费用，年终时根据对医院的总体考核状况给予奖惩。

四、强化对医疗保险中道德风险的控制

由于医疗保险中的道德风险在医疗保险的参与各方都可能产生，对它的防范与控制也应该从以下几个方面来考虑。

（一）医疗保险需方

从我国医疗保险的实践和国外的经验来看，可以实行共付保险制，即按投保者在患病时，其医疗保险费用等由医疗保险机构和患者分别按一定的比例负担，并设立共付额、起付线和封顶线等。其目的是增强患者费用意识，提高其监督医疗服务提供方的积极性，制止医患合谋的道德风险出现。

（二）医疗服务提供方

弱化医疗服务提供方提高自身效用与医疗服务供给量的正相关关系，目前我国医疗机构的效用与医疗服务的供给量成正相关关系，医疗服务供给量越多医疗服务机构的效用高，这是刺激医疗服务供给过度的主要原因。要控制医保费用，就必须切断医疗机构的效用与医疗服务供给量之间联系的纽带，如实施医药分离、对医疗设备和机械检查过度的供给采取限制性措施、引入医疗竞争机制、严格对医疗单位的支付制度等。着眼于消除医疗服务提供方的道德风险，可以实行保险资本和医疗资本的合并与重组，让医疗服务提供方与医疗保险机构"同舟共济，风险共担"。在医疗卫生领域，监管的作用是有限的，因为医疗上存在太多的不确定性，而医疗卫生领域，声誉却是最重要的资本；又因为任何医疗方案的实施、医疗费用的产生，都是要通过医生的行为才能发生的。因此加强医院医德建设，逐步规范和建立职业道德的评价体系以及医生和医院的声誉机制，是约束道德风险的可行方法。

（三）医疗保险机构

首先，着重加强制度建设，用制度约束来抑制道德风险是最有效的方法。内在制度的

制约使任何违约成本变得不划算，即违约成本大于违约利益。建立起制度体系以后，还要增强制度实施的硬度，改革和完善医疗机构补偿制度。由于实行医保后，医药费用得到控制，医院的收入减少。这时，合理的医疗补偿制度是平衡医院收支、促进医院发展、减少医方道德风险的有效途径。因为合理的补偿机制改变了对医方的激励，医方可以不须通过道德风险的行为来达到自身的目的，医方更不愿意冒着违约而被惩罚的风险。其次，建立有效的监督机制。监督是防范产生道德风险的重要保障，它可以未雨绸缪，防患于未然。一旦发现一点蛛丝马迹，就可以采取断然措施，纠正偏差，从而能够规范医方的行为，减少信息成本和不确定性，把阻碍保、医、患三者合作得以进行的因素减少到最低限度。

综上所述，遏制医疗保险中的道德风险是一项长期的系统工程，需要社会各方面的共同努力。只有建立起合理有效的控制机制，才能降低医疗成本，减少医疗保险费用，才会使医疗保险制度得以持续发展。

五、强化健康管理对医疗保险费用的控制

（一）做好健康管理的基础性工作

健康管理由三部分组成。第一部分为收集健康信息，进行健康监测。通过收集个人的健康及生活方式相关的信息，发现健康问题，为评价和干预管理提供基础数据。第二部分为健康危险因素评价。通过对个人的健康现状及发展趋势做出预测，以达到健康警示的作用，提高人们的健康意识，为干预管理和干预效果的评价提供依据。第三部分为健康危险因素干预管理与健康促进。通过个人健康改善的行动计划及指南对不同危险因素实施个性化的健康指导，这是解决健康问题最实质性的、最重要的一个环节。健康信息收集、监测与危险因素评价有助于我们对客户的健康状况及其发生疾病的危险性进行较为充分的了解与掌握，有利于我们实现保前和保中的风险控制。健康危险因素干预管理与健康促进，有助于从源头上控制疾病发生率不断增长的风险，这势必将大幅度减少医疗费用的支出。因此，这是实现保中与出险后的风险控制的有效措施。

（二）强化健康管理的费用控制手段

1. 对医疗服务提供者管理

医疗保险机构通过合同来约束医疗服务提供者的不良行为，如禁止向病人收取保障外费用、同意遵守管理程序、保证医疗质量、信守合同和协议、禁止保险欺诈行为、经常与保险机构保持业务联系等。保险机构使医疗服务提供者得到更多的病人，作为回报，医疗

服务提供者以折扣价提供医疗服务。保险机构根据医师在费用控制、服务质量等方面的表现来决定是否与之签约或续约。

2. 医疗管理机制

医疗保险机构同医疗服务提供者一起确定最佳治疗方案，以保证治疗最有效且花费不高。对长期治疗和综合病症治疗进行同期管理。收集和分析医学数据和信息，帮助医生不断提高医疗水平，并针对一些常见而临床操作方式多变的疾病治疗提供具体的技术指导。

3. 加强初级保健医生管理

每位参保人选择或被分配一名初级保健医生。初级保健医生除提供医疗服务外还负责病人转诊的审核批准。费用控制好的初级保健医生会受到经济奖励。加强初级保健医生的病案管理，以保证医疗保健的延续性。

4. 除外服务

将一些医疗服务场所、项目和医疗产品排除在给付范围外，如精神病院、戒毒所、疗养院、高档的医疗中心等；还不成熟的、效果不确定的治疗方法，如某些肿瘤的化疗、放疗方法，实验室项目、心血管手术等；某些效果不确切、价格昂贵的药物等。

5. 信息系统服务

建立强大有效的信息系统往往具有收集大数据和处理的优势，从多个方面发挥着控制费用的作用。一是为医疗服务提供者提供医学的最新进展，分析最佳治疗方案，帮助他们改善医疗水平。二是进行电子信息交换，通过电脑网络进行数据传输、财务往来，从而提高工作效率、降低管理成本；随时进行医疗费用监测，以便当医疗费用发生大的波动时，能及时采取相应行动。三是建立电子档案系统。通过建立和运用电脑医疗档案的记录和查阅系统，避免对病人做不必要的重复检验和诊断过程。通过电脑网络还可进行远程专家会诊，充分利用医学人才资源，提高疾病的诊断和治疗效率。仅这三方面就可以节省巨额的医疗费用。

（三）构建健康管理与医疗保险的对接模式

1. 双方在健康群体与亚健康群体管理方面的合作

社会医疗保险机构委托健康管理机构在社区为每一个医疗保险参保人建立一个健康档案，用个人账户和社区公共卫生的投入，为健康的或亚健康的医疗保险的参保人提供一些预防保健与健康管理的项目，如定期的健康体检、健康教育、生活方式指导及常见病与多发病的防治等，使每一个参保人都了解自己的健康状况，做到无病防病、有病早治。这样，参保人就不会盲目地往大医院跑，而是在社区医生的指导下得到合理的诊治。

其结果不仅可减少参保人不必要的麻烦和负担，缓解目前存在的看病难和看病贵的矛盾，同时其健康也将得到有效保障。

2. 双方在慢性病门诊管理方面的合作

社会医疗保险机构可将慢性病及其高危人群委托健康管理机构进行管理。社会医疗保险机构对当地费用排在前几位的慢性病病种的医疗费用进行测算，内容包括每一病种的年人均费用以及年费用平均增长等指标，确定慢性病每年平均费用和合理增幅后，按人头付费的原则以低于原平均费用和增幅的费用，向健康管理机构支付费用。健康管理机构接受委托后，按"属地原则"将人员分配至社区卫生服务机构接受服务。健康管理机构将适宜的技术、管理规范等提供给社区卫生服务机构，对其人员进行有效的培训，指导他们开展健康管理服务，并对其管理与服务质量进行有效的监控。在此基础上，按约定向社区卫生服务机构支付费用。

3. 双方在慢性病和大病补充医疗保险方面与商业健康保险机构的合作

社会医疗保险机构首先对慢性病及其高危人群门诊费用和住院费用进行费用预测，制定出年平均费用与合理增幅等指标后，按人头付费的原则，以低于原平均费用和增幅费用，向商业健康保险机构进行投保，实施再保险。

商业健康保险机构承接慢性病及其高危人群病种的再保险后，将上述人群委托给健康管理机构进行管理。健康管理机构再按第一种模式对慢性病及其高危人群进行管理与服务。

这种合作模式的优点是社会医疗保险机构的风险比较小，这对不断拓宽医保面和保持医保基金的平衡具有重要意义。由于商业健康保险机构跨地区经营，抗风险能力较强。同时，实现赢利的驱动力，促使其更注重加强管理和实施更有效的风险控制。因此，这种合作模式将在更大的范围内发挥其优势互补，有利于促进我国医疗保障体系的进一步完善。

第七章　医疗保险范围与管理

第一节　医疗保险范围与基本医疗界定

一、医疗保险范围

（一）医疗保险范围的定义

广义地说，医疗保险范围（package of medical insurance）包括医疗保险的承保对象、医疗费用的负担比例及承保的卫生服务项目。简单地说，医疗保险的范围主要指医疗保险的覆盖人群和该人群具体享受到的医疗保障程度。

狭义地说，医疗保险范围主要指医疗保险所承保的医疗服务项目，以及这些项目提供的数量、形式与限制等。通常是通过医疗保险责任范围和医疗保险除外责任两个方面来界定医疗保险范围。责任范围是指保险人负责补偿的风险范围，是医疗补偿的依据；而除外责任是指保险人不负责补偿的风险范围，是不负责赔偿责任的部分。由于社会经济条件的制约和卫生资源的有限性与稀缺性，医疗保险不可能保障所有人的所有医疗风险，医疗保险范围的界定应当综合考虑责任范围和除外责任这两部分的内容。

（二）医疗保险范围的影响因素

对于一个具体的国家或地区来说，在一定时期内，医疗保险的保障范围如何，取决于以下几个方面的因素。

1. 经济发展水平

经济发展水平反映了一个国家或地区所能提供的经济资源总量。它作为医疗保险支出的最终来源，从根本上制约着医疗保险的覆盖范围。经济发展水平提高，国家经济实力雄厚，税收来源增多，国家财政承受能力也就越强。事实上，工业化程度越高的国家或地区，医疗保险的覆盖面就越宽，数量也越多。同时，经济发展水平提高和人民生活水平提高，人们的保险意识亦随之得到增强，必然会自动寻找社会力量来分担疾病风险，达到消除危险或减少风险的目的。

2. 国家财政的支持能力

医疗保险是公益性福利事业，政府对支付医疗保险费有不可推卸的责任。在医疗保险中劳动者个人缴纳的医疗保险基金一般只占医疗保险基金的一部分，还有一部分由劳动者所在企业和国家财政负担。此外，社会上还有一部分特殊群体他们无能力缴纳医疗保险费，但是他们又是最需要医疗保障的人群，国家必然要解决特殊群体和特殊群体的医疗保险问题。因此，医疗保险范围越宽，国家财政所承担的医疗保险费用越大。受国家财政支持能力的限制，大多数国家的医疗保险都有限制的保障范围。

3. 医疗保险制度的完善程度

好的制度可以降低交易费用，优化资源配置，节约资源，在原有的资源条件下可以取得更多的产出。完善的管理制度，可以节省更多的成本，从而可以为更多的人提供医疗保险服务，医疗保险服务对象可以得到扩大。我国现行城乡基本医疗保险工作，分属政府的两个行政部门管理，分设两套业务经办机构，制度之间的差异也比较大，一定程度上影响了医疗保险制度效能的发挥。所以，医疗保险制度的完善程度，也成为制约医疗保险覆盖面的一个重要因素。

4. 健康观念的转变

传统的健康观念注重单纯消除病症。在这种健康观念的指导下，医疗保险制度首先把疾病津贴作为医疗保险首选内容，继而把治疗费用纳入保障范围。在医疗费用中，首先纳入的是对人们生活水平影响较大的治疗费用，如高额的住院医疗服务费用，继而扩大到一般医疗服务。随着传统医学模式向现代医学模式的转变，人类健康观念也发生了变化，对健康的维护开始由传统的事后的消极诊疗转变为事前的积极预防及病后疗养，一些国家逐步将老年护理、预防保健、健康管理等内容纳入医疗保险范围。

（三）确定医疗保险范围的原则

1. 与医疗保险目的一致的原则

社会医疗保险作为国家的强制保险通常需要体现国家的政治意图，大多数实行社会医疗保险的国家将社会医疗保险的目的确定为，为保证全体公民在发生疾病时得到应有的医疗保健服务。在确定社会医疗保险范围时，必须使其能够实现社会医疗保险的目的。

2. 与经济发展水平相适宜的原则

经济水平制约医疗保险的保障范围和程度。医疗保险的范围越广泛、程度越高，则需要筹集的保险基金越多。当确定保险范围所需要的资金数超过了社会经济承受能力，会对保险运营甚至是政府财政造成重大损害。因此，确定医疗保险的范围应当与社会经济发展水平相适宜，要对承保项目做出慎重选择。

3. 满足参保人医疗保险需求的原则

这里包括两层意思：一是医疗保险范围要满足所有参保人最基本的医疗保险需求；二是应该尽可能地满足不同人群的多层次需求。

4. 充分考虑医疗服务供给状况的原则

医疗保险的一个重要职能是补偿参保人的医药费，而医药费的发生与卫生服务系统提供的卫生服务密不可分。在社会医疗保险系统中，医疗保险机构直接或间接购买医疗服务机构所提供的服务，医疗保险机构确定医疗保险的范围实质上就是事先确定要购买服务的清单。因此要充分了解医疗服务的供给状况，了解目前医疗服务机构提供的服务项目、服务类型、服务形式、服务质量和服务价格等，以及今后医疗服务机构所提供服务的发展趋势，从而确保医疗保险范围覆盖的服务项目包括在卫生服务提供范围之内，而且在相对较长的时间内具有一定的稳定性，确保医疗保险基金足够支付医疗保险范围所覆盖的医疗服务项目。

5. 不断发展的原则

医疗保险范围不是一经确定就一成不变的，而是不断发展的。医疗保险范围的发展是因以下一些变化而产生的。

（1）医疗保险目的的改变。在不同的历史阶段，社会医疗保险的开展都有不同的目的，随着社会经济水平的提高、人民生活水平的改善，我国今后的医疗保险可能不仅保障基本医疗，还会提供更高水平、更大范围的保障。

（2）医疗保险需要的改变。人们对医疗保险的需要受到多种因素的影响，包括人们的健康状况或疾病风险发生概率，疾病风险所造成的经济损失等各种因素。随着疾病谱的改变、医疗卫生条件的改善，这些因素都会发生改变，那么人们对医疗保险的需要程度也会发生改变，为了满足参保人的需要，医疗保险范围也应该随之改变。

（3）医疗保险支付能力的改变。随着社会经济发展水平的提高，医保筹资能力会逐步改善，参保人的医疗保险支付能力也就得到增强，在这种情况下，可以适当扩大报销范围或者适当提高可报销服务的级别。

（4）医疗服务提供状况的改变。医疗服务的提供状况，包括服务项目、服务类型、服务形式、服务质量和服务价格都不会是一成不变的。随着现代科学技术在卫生服务领域中的不断应用，医疗保险范围应该发生适当的变化，与卫生业务相适应。

（四）确定医疗保险范围的程序

一般来说，医疗保险范围确定的程序是，确定目标、收集资料、资料分析、制订备选方案、评价和选择方案、制定管理办法。

确定医疗保险合理的保障范围，需要进行一系列的调查研究。这些调查研究通常需要一些部门和团体的参与，如人社部门、卫生部门、财政部门、工会、保险部门、专业性研究机构或专家委员会及研究团体，由这些研究者对经济水平、健康水平、卫生服务供求状况及人们的意向等进行分析处理，提供方案和建议，交人社部门、卫生部门、财政部门等审核评议，由政府部门做出最后的决定。

二、基本医疗界定

世界银行的《1993年世界发展报告——投资于健康》中首先提出了"基本医疗卫生服务"的概念，它是指包括基本公共卫生服务包及基本医疗服务包在内的一揽子基本卫生服务项目。21世纪初全国卫生工作会议上指出，"基本医疗卫生服务"包括公共卫生服务和基本医疗两大部分。基本医疗即采用基本药物、使用适宜技术，按照规范诊疗程序提供的急慢性疾病的诊断、治疗和康复等医疗服务。

（一）基本医疗字面含义

所谓"基本的"就是指最起码的，最应该具备的。对于某个个体来说，基本医疗是指个体为了挽救生命和延长寿命、提高生存质量从而使个人效用最大化所最需要利用的、最优先利用的医疗服务或医疗措施；对于某个社会来说，基本医疗是指对改善全体公民健康、最应该为全体公民所享受的医疗服务或医疗措施。

（二）个体的基本医疗

1. 生理学含义

从个人的生理学角度来看，当外部的各种因素（物理、化学、生物和社会经济等因素）导致人体内环境失衡不能迅速恢复时，每个个体为了维持机体生存、正常生育和发展而相应采取的所有医疗措施，都是基本医疗。比如，某人感冒后为了缓解症状到医院取药，对他来说属于基本医疗；某人患有尿毒症，为了缓解症状并延长寿命，每周都要到医院进行血液透析；某人到医院分娩，为了产妇的早日恢复和新生儿的良好休息，享受温馨病房服务。

2. 经济学含义

对绝大多数人而言，其收入都是有限的，都存在预算约束，除了医疗服务，还需要利用很多其他的产品或服务，如购买食品、衣物、日常用品、住房等，在这种情况下，人们在自己经济能力允许的范围内，选择自己最希望、最迫切、最需要利用的医疗服务，就是经济学约束下的基本医疗。

在经济学中，为了判断人们对某一种物品的需要程度，可以观察人们对该物品的需求价格弹性。不同的卫生服务的需求弹性是不同的，不同的人对同一项卫生服务需求弹性也不同。比如，某一项医疗服务，对于收入比较高的人来说，需求价格弹性比较小，可以界定为经济学的基本医疗；对于贫困人口来说，需求价格弹性比较大，就无法界定为经济学的基本医疗。

（三）社会的基本医疗

1. 生理学含义

对于某个社会来说，基本医疗的生理学含义是社会有必要提供的医疗措施或医疗服务。社会的基本医疗可以根据健康问题影响范围的大小、严重性及其可防治性来判断。如果这些医疗措施所处理的问题是影响大多数人健康的，或是影响健康的最主要的问题，而且是临床处理这些问题所必需的措施，这些措施是社会最应该提供的措施，属于基本医疗。比如，良好的孕产期保健服务和住院分娩服务可以有效地降低孕产妇死亡率和婴儿死亡率，因此属于基本医疗；再如急性阑尾炎、急性胰腺炎和急性肠梗阻的手术治疗等，如果不实施手术，就会危及人的生命，如果实施手术，人们很快就可以恢复正常的生活，这类住院手术服务也属于基本医疗；如果有的人除了上述的医疗措施外，特意要求护士全程陪伴服务、专家诊疗服务等，这样的服务要求就不属于基本医疗。

2. 保险学含义

一个社会之所以提供社会医疗保险，是为了使人群患病后能够及时就医，改善人群就医的经济可及性，使之不会陷入"因病致贫，因贫致病"的恶性循环。因此，最能够满足上述目的的医疗措施便是社会医疗保险最应该覆盖的医疗措施，属于基本医疗。不仅要尽量覆盖群众关注程度比较高的健康问题及医疗措施，还要考虑基本医疗的界定受到社会医疗保险基金额大小，即各筹资方筹资能力的制约。保证社会医疗保险基金的收支平衡意味着社会保险计划的可持续性。

第二节 医疗保险的医疗服务管理

一、医疗保险的医疗服务定点管理

医疗保险管理是指通过一定的机构和程序，采取一定的方式、方法，对医疗保险活动进行计划、组织、指挥、协调、控制及监督的过程。具体内容包括医疗保险的行政管理、服务管理、基金管理和财政管理等，这里着重介绍医疗保险的医疗服务定点管理和目录管理。

（一）定点医疗服务机构管理

1. 定点医疗服务机构的定义

所谓医疗保险定点医疗服务机构是指获得定点医疗机构资格，并经社会保险经办机构确定且与之签订了有关协议的，为统筹地区基本医疗保险参保人员提供医疗服务，并承担相应责任的医疗机构，包括医保定点的医院、药店和卫生所等。

对定点医疗服务机构管理是世界上大多数实行医疗保险制度的国家所采取的办法，也是加强医疗服务管理和控制医疗保险费用支出的有效管理手段。在我国医疗保险制度改革中，各地在实行定点医疗机构管理中也积累了许多有益的经验。实践证明，这种做法有利于提高医疗卫生资源的利用效率，促进医疗机构合理竞争，提高医疗服务质量和降低医疗服务成本，控制医疗费用过快增长，保证医疗保险基金的收支平衡。

2. 确定定点医疗机构的原则

（1）要方便参保人员就医并便于管理

如在参保人员选择定点医疗机构时，要方便参保人员就近医疗的需要，允许参保人员在居住地或工作单位附近选择定点医疗机构；同时，在选择数量时还要考虑社会保险经办机构管理能力，管理能力差的可选择 3~5 家，管理能力强的则可以扩大参保人员选择数量，甚至可允许参保人员任意在定点医疗机构范围内选择就医。

（2）要兼顾专科与综合、中医与西医

要兼顾专科与综合、中医与西医，并注重发挥社区卫生服务机构的作用，形成一个基本的医疗服务网络，满足参保人员到不同类别、不同专科特色、不同级别医疗机构就医的需要。

（3）要有利于促使医疗机构改善服务和控制成本

引入竞争机制有利于促进医疗卫生资源的优化配置，提高医疗卫生资源的利用效率。同时，促使医疗机构改善服务、提高质量和控制成本，减轻参保人经济负担。

3. 定点医疗机构应具备的条件和资格

（1）定点医疗机构应具备的条件

①符合区域医疗机构设置规划。

②符合医疗机构评审标准。

③遵守国家有关医疗服务管理的法律、法规和标准，有健全和完善的医疗服务管理制度。

④严格执行国家、省（自治区、直辖市）物价部门规定的医疗服务和药品的价格政策，经物价部门监督检查合格。

⑤严格执行医疗保险制度的有关政策规定，建立与医疗保险管理相适应的内部管理制度，配备必要的专（兼）职管理人员等。

（2）定点医疗机构应具备的资格

经卫生行政部门批准并取得医疗机构执业许可证，或经军队主管部门批准有资格开展对外服务。

属于以下规定类别的医疗机构：①综合医院、中医医院、中西医结合医院、专科医院；②街道（乡镇）卫生院、妇幼保健院（所）；③综合门诊部、专科门诊部、中医门诊部；④参保单位所属的医院、门诊部、诊所、卫生所、医务室；⑤专科疾病防治院（所、站）；⑥经卫生行政部门批准设置的社区卫生服务机构。

对定点医疗机构设置的条件和资格，各地可以根据自己的具体情况进行调整，地区社保部门可综合考虑区域内医疗机构的分布、规模、功能、服务质量、服务成本、参保人员的分布情况和就医需求来确定。

4. 对定点医疗机构的管理内容

（1）对参保人就医进行管理

参保人员一般应在定点医疗机构就医，在非定点医疗机构就医发生的费用，基本医疗保险基金不予支付；鼓励参保人员选择并到基层医疗机构就医，规定不同级别定点医疗机构就医个人自付医疗费用比例不同；为建立相应的转诊、转院制度，统筹地区人力资源和社会保障部门要制定相应的管理办法等。

（2）对定点医疗机构内部管理提出要求

对定点医疗机构内部建立相应的管理制度和配备必要的管理人员提出相应要求；社会保险经办机构应与定点医疗机构之间签订协议、明确双方的责任、权利和义务等。

（3）对定点医疗机构的定点服务进行监督管理

对定点医疗机构资格进行年度核查；定期对定点医疗机构服务与管理工作情况进行检查和考核；建立社会公众和社会保险经办机构对定点医疗机构定点服务和管理情况的不定期评议制度；对违反规定的定点医疗机构视情节给予通报、批评或取消定点资格等。

（二）定点零售药店的管理

1. 定点零售药店的定义

定点零售药店是指获得定点零售药店资格，并经社会保险经办机构具体确定并与之签订有关协议和发给定点零售药店标牌的，为参保人员提供处方外配服务并承担相应责任的零售药店。

实行定点零售药店管理，一方面，是为了满足广大参保人员就医、购药的需要，扩大参保人就医时的选择权利，既允许参保人在选择的定点医疗机构就医、购药，也可持处方到定点药店购药；另一方面，也是为了打破医药不分的垄断局面，在医疗机构和药店之间引入竞争机制，改变医疗机构过分依赖药品批零差价的"以药养医"状况，建立药品流通的竞争机制，以提高药品质量和改善医疗服务，引导合理诊治、合理用药，从而控制医疗费用的不合理增长。

2. 确定定点零售药店的原则

确定定点零售药店的原则有三个：一是要保证基本医疗保险用药的品种和质量；二是要引入竞争机制，合理控制药品服务成本；三是要方便参保人员就医后购药和便于管理。

3. 定点零售药店应具备的条件与资格

药品作为一种特殊的商品，必须保证广大参保职工的用药安全有效。因此，在定点管理中必须对定点零售药店提出严格的资格条件。

第一，定点零售药店首先要符合行业规范管理应具备的资格，如应持有药品经营企业许可证、药品经营企业合格证和营业执照，经药品监督管理部门年检合格。

第二，遵守《中华人民共和国药品管理法》及有关法规，有健全和完善的药品质量保证制度，能确保供药安全、有效和服务质量。

第三，严格执行国家、省（自治区、直辖市）规定的药品价格政策，经物价部门监督检查合格。

第四，具备及时供应基本医疗保险用药、24小时提供服务的能力。

第五，能保证营业时间内至少有一名药师在岗，营业人员须经地级以上药品监督管理部门培训合格。

第六，严格执行基本医疗保险制度有关政策规定，有规范的内部管理制度。

第七，配备与基本医疗保险业务管理相适应的管理人员和相关的业务设备。

通过对零售药店进行定点资格审查，确实使那些在管理和服务方面真正符合条件的零售药店被纳入定点范围。

4. 对定点零售药店的管理内容

（1）对参保人购药进行管理

基本医疗保险定点药店管理将定点药店的定点服务内容限定在处方外配。参保人员到定点零售药店购药时，必须持定点医疗机构医生开具的处方，而且处方上必须有医师签名和盖有定点医疗机构专用章证明。定点零售药店售药时应经驻店药师审核签字，且保存外配处方两年以上备查。

（2）对定点零售药店的内部管理提出要求

社会保险经办机构和定点药店通过签订协议明确各自的责任、权利和义务。定点零售药店要对基本医疗保险用药和自费药品分别管理、单独建账，并定期向社会保险经办机构报告处方外配服务情况及费用发生情况；社会保险经办机构有权对定点零售药店的处方外配服务及其费用发生情况进行检查、审核；定点零售药店有义务提供有关资料及账目清单；对违反规定的费用，社会保险机构不予支付或要追回损失费用等。

（3）对定点零售药店进行监督管理

一方面，是人力资源和社会保障部门的行政监督，人力资源和社会保障部门组织物价、药品监管、医药行业主管等部门，对定点零售药店处方外配服务和管理情况进行监督和检查，对违反规定的定点零售药店可视情节轻重给予警告、罚款、取消定点资格等处罚；另一方面，是社会保险经办机构依据定点零售药店执行协议情况对其进行监督，同时，还要发挥医药行业主管部门的监督管理作用。

二、医疗保险的医疗服务目录管理

由于我国现阶段处于社会主义初级阶段，经济能力和物质条件还很有限，这就决定了现阶段的保障水平只能是基本医疗。在具体操作上，基本医疗的范围管理具体为"三个目录"，即《国家基本医疗保险诊疗项目范围》《基本医疗保险医疗服务设施范围和支付标准》《国家基本医疗保险药品目录》。医疗保险的基本医疗服务管理主要通过这"三个目录"进行管理。

（一）基本医疗保险的诊疗项目管理

1. 基本医疗保险诊疗项目的定义

基本医疗保险诊疗项目是指符合以下条件的各种医疗技术服务项目和采用医疗仪器、设备与医用材料进行的诊断、治疗项目，包括以下三个方面。

一是临床诊疗必需、安全有效、费用适宜的诊疗项目。临床必需，就是临床治疗疾病必需的项目，相对于非疾病治疗的诊疗项目如美容等，以及疾病治疗的主要诊疗手段，相对于辅助诊疗手段如音乐疗法等而言的；安全有效，是指经临床长期使用并被广泛公认的、成熟的项目，相对于尚属于研究阶段、疗效不肯定的一些诊疗措施，如心、肺、脑移植等；费用适宜，就是要与基本医疗保险基金的支付能力相适应，在同等诊疗效果的诊疗项目中，选择价格合理的诊疗项目。

二是由物价部门制定了收费标准的诊疗项目。这是根据诊疗项目管理主要是由物价部门确定收费价格的现状提出的，诊疗项目的种类繁多，经济发展水平不同，医疗技术水平不同，符合条件的诊疗项目，并不是在所有的省（区、市）都能开展，根据物价部门的收费标准，就可以将基本医疗保险的诊疗项目限定在一个明确的范围内。

三是由定点医疗机构为参保人员提供的定点医疗服务范围内的诊疗项目。基本医疗保险实行定点医疗机构管理，只有社会保险经办机构确定的定点医疗机构提供的各种诊疗项目才有可能纳入基本医疗保险基金支付范围。非定点医疗机构提供的诊疗项目，基本医疗保险基金将不予支付。这一条件是统筹地区在基金支付时掌握的条件，也是从医疗保险的角度对卫生资源进行合理规划的手段。

2. 制定基本医疗保险诊疗项目范围的基本原则

一是考虑临床诊断、治疗的基本需要。这是制定基本医疗保险诊疗项目范围的出发点，制定范围和目录的目的不是为了限制参保人对诊疗项目的合理使用，而是在基金可以承受的范围内，确定一些诊断、治疗疾病效果最好、费用合理的诊疗项目，充分发挥基金的利用效益，以满足绝大多数参保人的基本医疗需求。

二是兼顾不同地区经济状况和医疗技术水平的差异。不同地区经济发展水平不同、人口结构和疾病谱不同，基本医疗保险的筹资水平、医疗技术的水平和结构也不一样，国家在控制基本医疗保险诊疗项目宏观水平的同时，一定要给各地留有一定幅度的调整空间，使各地的诊疗项目目录符合当地具体的实际。

三是科学合理。即制定诊疗项目范围和目录的办法要科学，范围和目录的内涵和结构要科学合理，不仅要符合医学的要求，也要符合医疗保险在经济学上的要求。

四是方便管理即基本医疗保险诊疗项目的管理办法，要方便社会保险经办机构对项目使用的审核和费用支付等。

3. 基本医疗保险诊疗项目范围的确定

国家确定基本医疗保险诊疗项目的范围，采用的是排除法。这是根据我国诊疗项目管理的现状而确定的。由于诊疗项目的管理缺乏全国统一的办法和临床准入标准，各地主要依据省（区、市）物价部门的收费标准执行，项目数量、名称、内涵及价格标准各地不一。因此，目前在国家这一层次，难以在对诊疗项目进行统一规范的基础上，按照准入法制定诊疗项目的范围，只能用排除法制定。同时，鼓励有条件的地区试用准入法制定本地区的诊疗项目目录。今后随着有关部门对诊疗项目管理的逐步规范，在适当的时候，国家的基本医疗保险诊疗项目的管理也将逐步向准入法过渡。

国家基本医疗保险诊疗项目范围分两部分：一是基本医疗保险不予支付费用的诊疗项目范围；二是基本医疗保险支付部分费用的诊疗项目范围。一般来说，对于一些非临床必需、效果不确定的诊疗项目，以及属于特需医疗服务的诊疗项目，基本医疗保险基金不予支付；对于一些临床诊疗必需、效果确定，但容易滥用或费用昂贵的诊疗项目，基本医疗保险基金支付部分费用。

4. 基本医疗保险诊疗项目管理的权限划分

人力资源和社会保障部负责组织制定国家基本医疗保险诊疗项目范围，并根据基本医疗保险基金的支付能力和医学技术的发展适时调整。在范围中，只规定基本医疗保险基金不予支付费用和支付部分费用的诊疗项目的主要类别，除列举部分项目名称以表明项目类别的含义外，对具体的项目不做规定，各省（区、市）人力资源和社会保障部门根据国家基本医疗保险诊疗项目范围的规定，组织制定基本医疗保险诊疗项目目录，并根据国家基本医疗保险诊疗项目范围的调整做相应调整。各省（区、市）可依据本省（区、市）物价部门医疗服务收费标准所列的具体的项目，按照国家基本医疗保险诊疗项目范围，制定具体的项目目录。

各统筹地区人力资源和社会保障部门要根据当地实际，对本省（区、市）的诊疗项目目录中所列的支付部分费用的诊疗项目规定具体的个人自付比例，并结合区域卫生规划、临床适应证、医疗技术人员资格等限定使用和制定相应的管理办法。比如，限定某种大型设备只能在某一医疗机构使用、某一特种手术限定由某一级别的医师执行、某一特殊治疗技术只限于治疗某种疾病等。

（二）基本医疗保险的服务设施管理

1. 基本医疗保险医疗服务设施的定义

基本医疗保险医疗服务设施是指由定点医疗机构提供的，参保人在接受诊断、治疗和护理过程中必需的生活服务设施。

对这一概念的理解要把握三点：一是基本医疗保险医疗服务设施必须是由定点医疗机构提供的，非社会保险经办机构确定的定点医疗机构提供的不属于基本医疗保险医疗服务设施；二是必须是提供给参保人的才属于基本医疗保险服务设施，提供给非参保人的，不属于基本医疗保险服务设施；三是基本医疗保险服务设施必须是诊断、治疗和护理过程中必需的生活服务设施，其他一些非必需的如娱乐设施等不属于基本医疗保险服务设施。

2. 确定基本医疗保险医疗服务设施范围和支付标准的基本原则

一是保证参保人临床诊断、治疗的基本医疗需求。这是建立基本医疗保险制度的出发点，也是确定基本医疗保险服务设施范围和支付标准的出发点。确定基本医疗保险服务设施范围和支付标准，不是要想方设法地限制参保人对医疗服务设施的合理使用，而是要把有限的基本医疗保险基金用在必需的生活服务设施上，以满足广大参保职工的基本医疗需求。

二是实事求是，充分考虑各地地域和经济水平的差异。我国地域辽阔，各地差异很大，不同地区的患者对同一医疗服务设施的需求极不相同。同时，我国各地经济水平和医疗消费水平差异很大，不同地区的基本医疗保险基金承受能力也各不相同。因此，确定基本医疗保险医疗服务设施范围和支付标准时不能一刀切、全国千篇一律，必须给各地留有一定幅度的调整空间。

三是所确定的基本医疗保险医疗服务设施范围和支付标准要简单明了，管理办法也要简便易行，便于社会保险经办机构对医疗服务设施费用的审核和费用支付。

3. 基本医疗保险医疗服务设施的范围和标准

（1）基本医疗保险医疗服务设施的范围

基本医疗保险医疗服务设施的范围，即基本医疗保险基金予以支付费用的医疗服务设施，主要包括住院床位及门（急）诊留观床位。

（2）基本医疗保险医疗服务设施的费用支付标准

根据各省（区、市）物价部门的规定，住院床位费和门（急）诊留观床位费主要包括三类费用：一是属于病房基本配置的日常生活用品如床、床垫、床头柜、椅、蚊帐、被套、床单、热水瓶、洗脸盆（桶）等的费用；二是院内运输用品如担架、推车等的费用；三是水、电等费用。对这些费用，基本医疗保险基金不另行支付，定点医疗机构也不得再向参保人单独收费。

基本医疗保险住院床位费支付标准，由各统筹地区人力资源和社会保障部门按照本省物价部门规定的普通住院病房床位费标准确定。之所以提出这一标准，主要是参考了公费、劳保医疗制度关于按普通病房床位费报销的规定，这一方面与我国社会主义初级阶段的国情相适应，另一方面也与基本医疗保险保障基本医疗的原则相一致。考虑到一些特殊患者如烈性传染病、躁狂型精神病及一些危重抢救患者等的治疗需要，对于这些参保患者的住院床位费标准，各统筹地区可以根据实际情况自行确定。

基本医疗保险门（急）诊留观床位费支付标准按本省物价部门规定的收费标准确定，但不得超过基本医疗保险住院床位费支付标准规定，门（急）诊留观床位费的支付标准按本省物价部门规定的收费标准确定，主要是参考公费医疗对门（急）诊留观床位费的规定。设定以基本医疗保险住院床位费支付标准为上限则主要有两方面的考虑：一是现实情况中大多数门（急）诊留观床位费都低于普通住院床位费；二是从医学角度看，对门（急）诊留观床位的要求应比普通住院床位的要求低，相应的成本也会低一些。

参保人的实际床位费标准低于基本医疗保险住院床位费支付标准的，以实际床位费标准按基本医疗保险的规定支付；高于基本医疗保险住院床位费支付标准的，支付标准以内的费用按基本医疗保险的规定支付，超出部分由参保人自付。

基本医疗保险基金不予支付的生活服务项目和服务设施费用主要包括五大类：①就（转）诊交通费、急救车费；②空调费、电视费、电话费、婴儿保温箱费、食品保温箱费、电炉费、电冰箱费及损坏公物赔偿费；③陪护费、护工费、洗理费、门诊煎药费；④膳食费；⑤文娱活动费及其他特需生活服务费用。之所以规定上述生活服务项目和服务设施费用不予支付，主要是考虑这些项目有的不是诊断、治疗和护理过程中必需的，如电视、电话、电冰箱等，有的虽必需但属于个人或单位责任，如就诊交通费、急救车费、膳食费等。

由于各地生活环境差异很大，有的医疗服务设施项目在某些地方可能不是必要的，但在另一些地方则是必要的，如取暖费在北方的寒冷地区就属必要。对这类医疗服务设施项目是否纳入基本医疗保险基金支付范围，各省（区、市）人力资源和社会保障部门可以结合本地经济发展水平和基本医疗保险基金承受能力自行规定。

（三）基本医疗保险的用药范围管理

1. 基本医疗保险用药范围管理的内容

基本医疗保险用药范围管理的内容包括基本医疗保险药品目录的制定、基本医疗保险基金对药品费用的给付、基本医疗保险用药范围的调整等。

2. 制定基本医疗保险药品目录的目的和原则

（1）制定基本医疗保险药品目录的目的

基本医疗保险药品目录是为了控制基本医疗保险支付药品费用的范围，只适用于基本医疗保险的参保人员，是社会保险经办机构支付参保人员药品费用的依据。

药品费用支出是基本医疗保险基金支出的重要组成部分，基本医疗保险是按照"基本保障、广泛覆盖"的原则建立起来的，保障基本医疗需求的社会保险制度，其保险基金的总量有限，必须在维护基金收支平衡的前提下，最大可能地发挥基金的利用效率。因此，对在基金支出中占主要部分的药品费用要进行控制。

（2）制定基本医疗保险药品目录的基本原则

①体现广大参保人员的基本用药需求，保证临床治疗且方便参保人员用药。

②有利于控制药品支出费用，保证医疗保险基金收支平衡。

③适应临床医药科技的进步和发展。

④贯彻中西医并举方针，中西医兼顾。

⑤有利于我国医药事业发展。

3. 基本医疗保险药品目录的基本结构

基本医疗保险药品目录由三部分组成，即西药部分、中成药部分和中药饮片部分。西药和中成药部分采用"准入法"制定，所列药品为基本医疗保险准予支付的药品。中药饮片部分采用"排除法"制定，所列药品为基本医疗保险基金不予支付费用的药品。药品目录中的药品按照药物学和临床科室用药相结合的办法进行分类。西药和中成药的药品名称采用通用名，并标明剂型；中药饮片采用《药典》相应名。

基本医疗保险药品目录中的西药和中成药又可分为甲类目录和乙类目录。"甲类目录"的药品是临床治疗必需、使用广泛、疗效好、同类药物中价格低的药物；"乙类目录"的药品是可供临床治疗选择、疗效好、在同类药物中比"甲类目录"药品价格略高的药物。

使用"甲类目录"的药品所发生的费用，按基本医疗保险的规定报销。使用"乙类目录"的药品所发生的费用，先由参保人员自付一定比例，再按基本医疗保险的规定支付。个人自付的具体比例，由统筹地区规定，报省（自治区、直辖市）人力资源和社会保障部门备案。将西药和中成药分为甲、乙两类，主要是考虑到我国各地区间经济水平和医疗消费水平的差异很大。一方面，通过甲类目录，可以保障大多数参保人员基本的医疗需求，而选择使用乙类目录的药品，又能使参保人员根据用药适应证的个体差异和经济能力获得有效的药品；另一方面，通过甲类目录将控制全国用药的基本水平，以宏观控制药品费用支出，同时通过乙类目录给各地留出根据用药习惯和经济水平进行调整的余地。

三、异地就医和转移接续管理

（一）异地就医管理

1. 异地就医的概念及类型

异地就医是指基本医疗保险的参保人在医疗保险统筹地区以外发生的就医行为，是一种跨统筹区域的就医行为。这是由人口流动或人口迁移造成的。

根据产生的原因，异地就医可分为下面四种类型。

（1）异地安置就医

异地安置就医是指参保人员因为特殊原因需要在非统筹地区长期生活或工作，但是其医疗保险关系仍然隶属于原工作单位或原生活住址的统筹地区，这类人群在现居城市发生的医疗就诊行为就是异地安置就医。异地安置就医主要以两大类人群组成：一类是老年离退休工作者，他们在离退休后离开工作地而回到原籍进行养老生活，或者由于子女工作在外地，跟随子女到外地养老生活；另一类人群是由于单位的工作性质需要派遣在职职工长期到医保非统筹区域工作生活，由此在异地产生的就医行为。

（2）异地工作就医

异地工作就医一般是指因工作需要，被单位派遣到非医保统筹区域从事任务安排的在职人员，这种情况相比于异地安置就医的区别就是异地工作是暂时性的，并非一去不回，但其在异地工作过程中有着同样的就医需求。此类人员一般有大型国企单位派遣到所承包外地工程和项目组的工作人员，或者有政府机关单位在外地设置常驻办事处的工作人员，还有一些因为业务特殊性要长期固定往返于两个或多个城市之间。

（3）异地转诊就医

异地转诊就医是指参保人员的疾病经统筹地医疗机构诊断，但由于统筹地医疗技术条件的限制，需要转诊到统筹地区以外的医疗机构就医，在统筹地办理异地就医登记手续后在转入地发生就医的行为。异地转诊就医，一般是由低水平地区向高水平地区转诊居多。

（4）其他类型的异地就医

其他类型的异地就医主要包括因公出差、学习、旅游、探亲等临时外出等，因病而发生的在统筹地之外的就医行为。

2. 异地就医管理的概念、类型及方式

（1）异地就医管理的概念

异地就医管理是在社会医疗保险领域，在统一、协调的异地就医制度下，通过异地就医协作及联网结算等手段，对异地就医行为进行管理，达到异地就医高效运行的过程。

（2）异地就医管理的类型

从异地就医人员的生存状态看，异地就医管理可以分为异地安置就医管理、异地工作就医管理、异地转诊就医管理、其他类型的就医管理。

从异地就医人员的运行管理看，异地就医管理可以分为城镇职工基本医疗保险制度下的异地就医管理、城镇居民基本医疗保险制度下的异地就医管理、新型农村合作医疗制度下的异地就医管理。

从异地就医人员的就医路径看，异地就医管理可以分为异地就医门诊管理、异地就医住院管理。

（3）异地就医管理的方式

经办机构直接管理，指统筹地区经办机构直接与参保对象发生关系。异地参保人员的待遇支付采取凭票报销制，主要有以下几种形式：①经办机构直接将医疗费按一定标准总额包干到个人或用人单位使用，节余归己，超支不补；②按一定标准由参保人员直接到所属统筹地区经办机构限额报销；③由参保人员直接到所属统筹地区经办机构按规定比例报销。

异地协作管理，指医疗保险经办机构（或委托机构）相互配合，对异地就医行为进行审查，完成费用结算的过程。异地协作管理有以下几种形式：①委托监管，异地就医人员由就诊地医保经办机构集中管理，并有权根据医保政策对异地就医入院患者身份的真实性、医疗机构诊疗措施及医疗服务收费等方面进行监管；②委托协查，参保地医疗保险经办机构在报销过程中，发现疑点，通过电话、信函等形式向就诊地医保经办机构、定点医疗机构进行调查；③委托报销，异地就医人员在参保地医保经办机构办理异地就医关系转移手续，根据自愿原则，与代办服务机构签订委托代办协议，其异地就医的医疗费用，由该机构定期到参保地指定的医保经办机构报销；④委托结算，参保地医保经办机构通过协

议委托异地医疗机构记账与结算，异地定点医疗机构通过网络将结算资料传送到参保地医保经办机构，在审核通过后，向定点医疗机构划拨先期垫付的资金。

异地联网结算，指双方医保经办机构依据统一的异地就医信息平台，通过异地就医信息联网、异地就医信息数据交换、异地费用网上稽核监控，实现异地医疗费实时结算。它分为区域联网结算和局部定点联网结算两种方式。区域联网结算，是在一个区域范围内（省、市）建立医保联网体制，制定统一的政策，通过统一的信息系统，实现异地就医费用即时结算。局部定点联网结算，是医疗保险经办机构与少数定点医院、定点药店进行的联网结算。

（二）转移接续管理

1. 基本医疗保险关系转移接续的概念

基本医疗保险关系转移接续是指参保人跨统筹地区就业时、跨统筹地区迁徙户籍时或同一个统筹地区跨制度参保时，将参保人的基本医保关系从一个统筹地区转接到另一个统筹地区或者由一种制度转接到另一种制度的情形。包括已参加城镇职工基本医疗保险、城镇居民基本医疗保险或新型农村合作医疗的参保人，由于劳动关系终止或其他原因，在三个险种之间所进行医疗保险关系转移接续，以及跨统筹地区的医疗保险关系转移接续。

2. 基本医疗保险关系转移接续的类型

将基本医疗保险制度分为职工基本医疗保险和居民基本医疗保险，将统筹地区分为同一统筹地区与不同统筹地区，基本医疗保险关系转移接续可分为四种基本类型。

（1）"职工医保与职工医保"转接

"职工医保与职工医保"转接是指因流动就业或户籍变动，由参加一个统筹地区（工作地）的职工基本医疗保险到参加另一个统筹地区（工作地）的职工基本医疗保险时所进行的医疗保险关系转移接续，简称为"城城"转接。

（2）"职工医保与居民医保"转接

"职工医保与居民医保"转接是指因就业变动，由参加职工基本医疗保险到参加居民基本医疗保险时的医疗保险关系转移接续，简称为"城乡"转接。具体包括两种形式：一是劳动者在一个统筹地区内就业变动时，由参加职工基本医疗保险到参加居民基本医疗保险的转接；二是劳动者跨统筹地区就业变动时，由参加职工基本医疗保险到参加居民基本医疗保险的转接。

（3）"居民医保与职工医保"转接

"居民医保与职工医保"转接是指因流动就业或户籍变动，由参加居民基本医疗保险到参加职工基本医疗保险时的医疗保险关系转移接续，简称为"乡城"转接。具体包括两种形式：一是劳动者在一个统筹地区内流动就业时，由参加居民基本医疗保险到参加职工基本医疗保险的转接；二是劳动者跨统筹地区流动就业时，由参加居民基本医疗保险到参加职工基本医疗保险的转接。

（4）"居民医保与居民医保"转接

"居民医保与居民医保"转接是指因户籍变动，由参加一个统筹地区（户籍地）的居民基本医疗保险到参加另一个统筹地区（户籍地）的居民基本医疗保险时所进行的医保关系转移接续，简称为"乡乡"转接。

3. 基本医疗保险关系转移接续的原则

（1）权益转接原则

基本医疗保险关系转移接续的权益转接原则是指：参保人在转出地应得的以享受医保待遇为核心的医保权益应及时、充分地转接到转入地，以确保参保人的权益得到保护。

（2）时时保障原则

基本医疗保险关系转移接续的基本医疗保险关系随劳动关系或随户籍关系即时转接，实现转出地与转入地的基本医疗保险待遇无缝衔接。

（3）利益均衡原则

基本医疗保险关系转移接续的利益均衡原则是指：在基本医疗保险关系转移接续中，要切实保护参保人利益，兼顾转出地、转入地的利益，使各当事主体的利益大致实现均衡。

4. 基本医疗保险关系转移接续的内容

基本医疗保险关系转接的内容是指基本医疗保险关系转移接续的客体，由参保记录转接、缴费年限转接、个人账户转接和医保待遇转接等组成。

（1）记录转接

记录转接是指参保人的社会保险个人权益记录的转接。社会保险个人权益记录包括医疗保险权益记录等信息。在基本医疗保险关系转移接续中，转出地应及时准确转移参保人的社会保险权益记录，尤其是医疗保险缴费年限和缴费金额等记录。同时，转入地要及时准确接续参保人的社会保险权益记录，并按照规定累计缴费年限，以及对转入的个人账户基金进行相应记载。

（2）年限转接

年限转接是指职工缴费年限的转接。缴费年限是享受退休职工基本医疗保险待遇的资格条件，对医疗保险待遇的领取有重要影响。在由一个地区的职工基本医疗保险到另一个地区的职工基本医疗保险转接时，即"由职工医保到职工医保"的转接过程中，按照国家现行政策，两地的缴费年限合并计算，符合规定的视同缴费年限累计计算。在由"职工基本医疗保险"到"城乡居民基本医疗保险"转接时，或者由"城乡居民基本医疗保险"到"职工基本医疗保险"转接时，由于两者制度不同，其间不进行缴费年限折算。

（3）个账转接

个账转接是指职工医保个人账户的转接。根据现行政策，职工基本医疗保险基金由统筹基金与个人账户基金组成。由于个人账户基金为个人权益，在劳动者流动就业时应当转接个人账户基金。在转入地设有个人账户的情况下，将转出地的个人账户基金转接到转入地的账户；在转入地没设个人账户的情况下，将个人账户基金清退给本人。

（4）待遇转接

待遇转接是指在办理基本医疗保险关系转接手续期间，参保人的医疗保险待遇应即时转移、无缝衔接。因办理转接手续导致中断缴费期间的医保待遇，原则上在规定的转接期限内，当参保人补齐相关费用后，办理转接手续期间发生的医疗费用报销待遇由转入地承担。

第三节　医疗保险的风险管理

一、医疗保险风险管理概述

（一）医疗保险风险的内涵与特征

医疗保险在分散参保人群风险的同时其自身也面临着一定的风险，即医疗保险风险。谈及医疗保险的风险，人们首先想到的往往是道德风险，也就是医疗保险各利益相关者通过欺骗、隐瞒、诱导等手段来谋取自身利益最大化，而不去关心医疗保险制度能否继续正常运行。医疗保险风险是指医疗保险运行过程中所面临的各种制约和威胁医疗保险可持续发展的风险，既包括医疗保险自身直接相关的制度设计、征缴水平、管理能力、保障水平风险，也包括与医疗保险有关的疾病模式演变、疾病谱变化、人口老龄化、城镇化、人口流动等各种社会风险。医疗保险的风险关键在于疾病的发病率和医疗费用的水平，同时在损失分布、精算、筹资、支付、风险控制等风险管理相关技术上也有其专业特性，这是医疗保险风险管理研究的重点。

1. 医疗保险风险的内涵

医疗保险风险是指发生不利于建立医保患三方的协同关系、打破医疗保险基金收支平衡、破坏医疗保险制度目标、制约医疗保险可持续发展的可能性。医疗保险风险不是指参保人员发生疾病的风险，而是指医疗保险制度本身所面临的可能会影响医疗保险正常运行的风险。医疗保险风险具有以下含义。

（1）复合性

医疗保险风险不是某一种单一的因素所产生的风险，是各种社会因素交织而形成的，从人们的自身健康状况、社会的疾病模式和疾病谱变化、人口老龄化、高精尖医学技术的应用、城镇化进程、人口流动与异地就医等因素，到医疗保险的筹资水平、医疗保险的支付方式、医疗保险的经办能力、医疗保险的统筹层次、医疗保险的监管能力等因素，其中的多种因素往往共同发挥作用，致使医疗保险的运营发生风险。

（2）渐进性

医疗保险的待遇通常随着社会经济发展相应提升。然而，社会的经济发展往往有一定的周期性，并非始终保持相同的增速。但是医疗保险作为社会保障的核心保障制度之一，其待遇水平有一定的刚性，往往很难在上升之后再下调。随着社会经济的发展和医疗保险待遇水平的上升，这种风险往往会越来越大。

（3）专业性

医疗保险的核心是疾病发生概率及其后续的治疗费用，不论是疾病的发生状况还是疾病的治疗，都是医疗卫生领域所要解决的问题。但是，医疗的专业性和技术性比较强，各种不同的治疗方案更对医疗费用产生了差异化的影响，有可能直接导致医保基金透支的医学诊治风险，往往不是一般人能够发现和识别的。这一情况显示出医疗保险风险具有较强的专业性。

（4）隐蔽性

由于医疗保险牵涉的利益相关者多、涉及面广，其风险可能存在某一利益相关方或者某一个运行环节，当风险即将发生或已经发生时，由于缺乏直接关系或快速传导机制，其他各利益相关者可能仍然没有感觉到，从而使得医疗保险风险具有一定的隐蔽性。

（5）竞争性

由于医疗保险各利益相关方往往都密切关注自己的感受和利益，为了自身利益的最大化，往往和其他相关方存在一定的博弈，从而使医疗保险运行具有一定的系统性风险。

（6）难控性

相比其他保险的风险，医疗保险的风险往往更加难以控制。其风险往往是其中某几种或多种风险因素共同作用的结果，医疗保险风险的防范，不仅需要多方面的人才，而且需要从多部门多角度综合进行防控，在目前的部门管理模式下，医疗保险存在较大的难控性。

2. 医疗保险风险的特征

（1）医疗保险风险范围大

与平常所说的医疗保险中防范的风险不同，医疗保险风险是一种更大范围的风险，而不仅仅是指疾病风险。医疗保险的风险包括疾病风险、政治风险、社会风险、筹资风险、待遇支付风险、管理风险等。

（2）医疗保险风险识别难

由于医疗保险的风险因素较多、发生风险的环节多，加之疾病诊治的复杂性，同样的疾病有时存在多种不同的诊疗方案，加之医学研究的探索性，使得医疗保险的风险往往不容易在前期就识别出来，从而给后面的预警带来困难。

（3）医疗保险风险评估更复杂

由于医疗保险的风险发生可能是其中一种风险因素所致，也可能是两种或两种以上风险因素所致，存在着太多的风险组合。此外，各种风险组合所形成的风险大小及其造成的损失程度在不同环境下往往也不相同。要对医疗保险的风险状况进行评估，就必须全面系统地把握各种风险组合，并深入了解不同的社会环境背景。综合来看，医疗保险的风险评估更加复杂。

（4）医疗保险风险预警指标更难确定

为了保障医疗保险的可持续发展，维护参保人民的健康，对医疗保险的风险进行预警非常必要。然而，由于医疗保险不仅风险因素和相关环节多，而且利益相关者多，涉及政治、经济、社会、人口、环境、科技、疾病、医疗卫生系统及医保管理能力等各个方面，使得医疗保险风险预警备选指标众多，要想从中选择能够满足不同社会经济发展时期和背景的医疗保险风险预警指标非常困难。预警指标太多，往往会影响预警的及时性和风险防范的针对性，预警指标太少，又可能忽略了某些关键风险，对医疗保险制度运行产生不可估量的影响。

（5）医疗保险风险防范更难

建立健全的医疗保险风险防范体系是世界各国医疗保险系统的共同任务和职责。医疗保险的风险防范是确保医疗保险收支平衡、保持可持续发展的关键措施。然而，由于医疗保险的风险不但识别难、评估难，而且预警难，从而给医疗保险的风险防范带来了困难，即不知道如何准确把握造成当前风险的关键因素，使医疗保险风险防范往往各个风险要素齐头并进，不但分散了风险防范的注意力，而且防范效果不高。

（二）医疗保险的风险分类

医疗保险面临的风险是多种多样的，按不同的分类标准，医疗保险风险可以分为若干类型的风险。为了便于识别、评估和防范相关医疗保险风险，有必要按照一定的方法对医疗保险风险进行分类。

1．按医疗保险的运行分类

根据医疗保险的运行流程，医疗保险风险可以分为制度设计风险、经办风险和投资风险，其中经办风险又可分为征缴风险、支付风险。

（1）制度设计风险

医疗保险制度在建立之初，以及建立之后的调整，都存在着一定的制度性风险。比如医疗保险制度设计的理念是保大病还是保小病，医疗保险的统筹层次是高还是低，医疗保险的参保人群是谁，医疗保险的支付范围和方式，异地就医如何管理，等等，相关制度设计都可能会影响医疗保险制度能否建立，建立之后能否正常运行和可持续发展。

（2）经办风险

征缴风险。医疗保险的征缴风险又称筹资风险，是指在医疗保险基金筹集过程中所存在或产生的各种风险。医疗保险的征缴风险通常体现在以下几个方面：筹资水平、筹资方式和方法。筹资水平过低或过高都存在一定的风险，筹资水平过低会影响医疗保险的支付水平和待遇保障，筹资水平过高又会直接影响人们的参保积极性和当前的生活水平。缴费基数的确定也是影响筹资水平的关键环节，在人们收支统计不完善的状况下，各单位所报缴费基数通常有少报现象，直接影响医疗保险基金的筹资总额。此外，医疗保险基金由谁来征缴、通过什么方式和方法来征缴，对医疗保险基金的筹集也具有重要影响，一旦处置不当，将直接带来相应的征缴风险。

支付风险。医疗保险的支付风险，是指在医疗保险基金运行过程中，围绕基金支付所产生的各种风险。医疗保险的支付风险主要是基金收支平衡风险，即医疗保险基金支付额度超过医疗保险基金筹资总额，影响医疗保险的可持续发展。此外，围绕医疗保险的支付范围、支付水平、支付方式、支付及时性、支付监管等方面，都能够导致医疗保险基金支付产生一定的风险。

（3）投资风险

如何保障这个高达万亿元的城镇基本医疗保险基金保值增值是一个难题。一方面，要考虑医疗服务的支付需要，避免紧急状态时没有医疗保险基金支付的情况，这就需要预留一定量的医疗保险基金；另一方面，要考虑医疗保险的投资，通过对不急需支付的医疗保险基金进行投资组合，保障相应基金的保值和增值。这里涉及两大风险，一是拿出多少钱来进行投资才不会产生影响医疗保险正常运转的风险；二是如何进行投资，投资到哪些领域才能够降低医疗保险基金贬值的风险。

2. 按风险性质分类

根据医疗保险风险的性质，可以分为制度性政策风险、社会性风险、运营性风险、道德风险、行为风险和监管风险。

（1）制度性政策风险

制度性政策风险是指在医疗保险政策制定及其实施过程中所产生的各种风险，政策性风险包括制度设计是否合理、制度衔接是否顺畅、政策是否适当、相关规定是否合理、配套措施和法规是否完善等方面。

（2）社会性风险

医疗保险的社会性风险，是指医疗保险的运行还存在一定的社会环境风险。包括人口老龄化风险、城镇化进程带来的医疗保险制度转变和衔接的风险、环境性疾病风险、医疗费用高速增长的风险等。

（3）运营性风险

医疗保险运营性风险是指医疗保险运营过程中所产生的影响医疗保险可持续发展的风险，主要是医疗保险基金的筹集和支付两个方面的风险。

（4）道德风险

道德风险（moral hazard）指一种无形的人为损害或危险，即从事经济活动的人，在最大限度地增进自身效用时，做出不利于他人的行动。我国医疗保险领域的道德风险归结起来主要来自三个方面：一是制度本身不完善和管理办法存在的缺陷和漏洞而引发的道德风险；二是来自参保人方面的道德风险因素；三是来自医疗卫生服务提供方的道德风险因素。

（5）行为风险

行为风险是一种实质性的违背医疗保险政策相关规定的风险，包括参保单位低报缴费基数，参保个人伪造就医信息或篡改就医信息骗取医保基金，定点医疗机构和定点药店利用各种欺诈手段套取医疗保险基金。

（6）监管风险

监管风险是指医疗保险运行过程中围绕医疗保险监管所产生的各种风险，包括监管机构设置及监管人员配备是否合理、监管政策是否到位、监管方式是否科学、监管方法是否适用等。监管风险是医疗保险各种风险中的重要风险，因为监管是确保医疗保险可持续发展的重要保障，一旦该环节发生风险，对医疗保险收支平衡和未来可持续发展将产生重大影响。

3. 按基金支付状况分类

根据医疗保险基金支付情况，可以分为结余风险和透支风险。

（1）结余风险

结余风险是指医疗保险基金未能对参保居民提供足够的医疗保障，由降低医疗保障待遇水平导致的医疗保险基金过度沉淀的风险。

（2）透支风险

透支风险是指医疗保险基金运行过程中由于收不抵支所产生的风险。透支风险是医疗保险各种风险中最关键的一种风险，直接影响着医疗保险的未来发展。

4. 按风险的层次分类

根据风险层次，可以分为宏观风险、中观风险、微观风险。

（1）宏观风险

医疗保险的宏观风险是指围绕某个国家（或地区）的医疗保险，由于其政府所担当的角色、财政支付力度、政府介入程度、社会经济发展状况、居民健康状况、人口老龄化、卫生总费用增长速度等因素产生的风险。宏观风险需要从制度设计和政策制定时就加以防范和疏解。

（2）中观风险

医疗保险的中观风险是指围绕医疗保险管理和经办部门所产生的各种风险，目前我国的医疗服务存在多头管理问题，管理的方式不同、理念不同，不但影响了不同医疗保险制度自身的发展，也直接导致了制度衔接的风险。

（3）微观风险

医疗保险的微观风险是指围绕医疗保险的直接利益相关方经办机构、定点机构和参保个人所产生的危及医疗保险制度正常运行的各种风险。

（三）医疗保险风险管理

医疗保险是各种社会保险中风险最复杂的一种保险。疾病的发生本身就具有不确定性，围绕疾病的治疗也存在很多的可行性方案，疾病的预后又受许多因素影响，不同类型的疾病往往又各具特性，这就是为什么医疗保险非常特殊的重要原因。针对医疗保险的特殊性，人们通常难以确定某参保个体需要采用什么样的治疗方案，需要多少医保费用。由于难以确定某个参保人员治疗某种疾病的具体医保费用，为了自身利益最大化，医保的各相关利益者往往存在各种博弈行为。

医疗保险的风险管理就是通过一定的方式方法，及早识别出医疗保险各个阶段的风险因素，从而有针对性地进行防范，把风险影响控制在最低范围，保障医疗保险的可持续发展。

（四）医疗保险风险管理程序和方法

1. 医疗保险风险管理程序

（1）医疗保险的风险识别

风险识别是风险管理的第一步，医疗保险风险管理首先要了解医疗保险面临哪些风险。影响医疗保险可持续发展的风险因素虽然多，但是可以通过不同的分类对医疗保险风险因素进行识别。为了更好地把握医疗保险的风险，可以根据医疗保险的运行阶段，结合风险性质对风险因素进行判断，明确医疗保险制度不同运行阶段的各种风险。比如设计在医疗保险制度时，一定要对当前和未来可能存在的风险进行研判，并依据其风险属性进行归类整合。

（2）医疗保险的风险估测

在对医疗保险风险进行识别的基础上，利用概率论和数理统计方法，对收集来的相关资料进行分析，预测相关风险发生的概率及其可能导致的损失程度。风险估测是风险评价的基础，也是决策者进行医疗保险风险管理的科学依据。

（3）医疗保险的风险评价

医疗保险的风险评价是指在风险识别和估测后，通过量化和质性分析，将风险的大小和其他因素综合起来考虑，得到系统发生风险的概论和损失程度，确定系统的风险等级，决定是否需要采取防范措施，以及针对哪些风险因素进行防范。

（4）医疗保险的风险防范

医疗保险的风险防范是指针对能够导致和引发医疗保险可持续发展的风险因素，采取一定的方式方法加以防范。一方面是通过各种方式提高人民的健康素养，倡导健康生活方式，降低疾病的患病率，从宏观上进行风险控制。另一方面是通过支付方式改革、支付范围调整等方式进行风险控制；此外，也可以通过风险转嫁进行医疗保险的风险防范。

2. 医疗保险风险管理方法

（1）加强医疗保险制度顶层设计

加强医疗保险制度顶层设计，是防范医疗保险风险的有效途径。医疗保险的许多风险都和制度设计不完善、不健全有关。通过完善医疗保险制度的顶层设计，不但能够实现不同医疗保险制度之间的统筹安排，解决不同制度之间的衔接问题，而且有利于早期进行风险防范，对相关医疗保险风险进行控制。

（2）注重现有及难以避免的风险的化解

对医疗保险制度运行中，已经存在的风险和未来难以避免要发生的风险，可以根据风险性质，进行抑制和风险转移。比如，通过采取总额预付支付方式来避免透支风险的发生，通过城乡居民大病保险把风险转嫁给保险公司。

（3）加强医疗保险监管

加强医疗保险监管是预防和降低医疗保险风险的重要手段。由于医疗保险的直接利益相关者都倾向于自身利益最大化，尤其是医疗保险具有信息不对称性，医患容易合谋，从而导致医疗保险制度存在运行风险，因此，医疗保险风险管理的重点和关键是加强医疗保险监管，把各种风险影响控制在最低范围。

（4）加强医保信息化建设

医疗保险的部分风险是由监管能力不足和监管不及时所致，未来要加强医疗保险的监管能力和及时性，必须重视医疗保险信息化建设，实现医保监管的及时性和动态性，做到足不出户便知各个医疗机构参保患者的治疗情况。这样便于医保经办部门及时把握和统筹考虑本地医保的运行状况，并有目标地进行监管。

（5）加强风险识别与评估

医疗保险的风险具有复合性、隐蔽性和渐进性，随着社会的发展和时间的推移，相关风险可能发生变化。为了保障医疗保险制度的可持续发展，必须及时对医疗保险的风险进行识别和评估，这样才能够未雨绸缪，采取适当的措施和方法，对医疗保险的风险进行及时防范。

二、医疗保险风险因素分析

（一）制度性政策风险

医疗保险制度的建立及其运行，离不开国家相关政策规定。执政党的执政理念和治国策略及方式，对医疗保险制度具有极其重要的影响，不但决定着一个国家是否走医疗保险的道路，还直接决定着如何走的问题。建立什么样的医疗保险、如何运行和监管，是医疗保险运行的法律和法规依据。

但是，相关政策的制定有时可能存在一定的问题导致医疗保险运行中存在风险。第一，制度的设计理念不清晰，使人们对医疗保险的期望赋予了和政策制定者不一样的期望，关于基本医疗保险到底是保大病还是保小病存在着各自的解读，参保人群通常认为保险就是要解决大病风险，而政策的制定者在制度的设计时则认为应该是保基本，不同的意愿使得医疗保险运行过程中充满了博弈；第二，制度的条块分割使不同的医疗保险制度之间存在着公平性风险，当风险积累到一定程度甚至会演变成突发性的社会风险，给社会的平稳发展带来不利影响；第三，不同制度的统筹层次不同，使其面临的医疗保险风险也各存在差异，较低的统筹层次不利于风险分摊，较高的统筹层次又面临经办能力是否能够匹配的问题；第四，不同支付方式也会对医疗保险产生不同的风险影响；第五，不同医疗保险支付范围对应的医疗保险风险不同；第六，异地就医的管理政策，不但不同医疗保险制度存在一定的差异，同一医疗保险制度内不同地区也存在一定的差异。相关政策的差异，其本身就会对医疗保险的健全和发展产生一定的影响，使其面临着一定的政策性风险。

此外，决策过程是否科学，相关政策是否与各地的实际社会经济发展状况相符，相关政策的发布部门和发布形式，都会对政策的执行力度和效果产生影响，当某些条件不具备或者发生变化的时候，往往就会形成制度性的政策风险。

（二）运营风险

医疗保险的运营风险主要是指医疗保险经办机构在医疗保险基金运作过程中所产生的风险，包括筹资风险、管理风险、管理风险和保值增值风险。

1. 筹资风险

医疗保险的筹资风险是指医疗保险基金征缴过程中所面临和产生的风险。俗话说，巧妇难为无米之炊，医疗保险筹资状况是决定医疗保险能否正常运行的第一关。影响医疗保险筹资风险的因素主要有三个方面：覆盖人群、经济状况、筹资方式。

（1）覆盖人群

保险遵循大数法则，医疗保险也不例外，同时人口患病率的估计也和人口数量密不可分。一旦某一医疗保险制度覆盖人口数量较少，面对突发事件或者某些重大疾病的抗风险能力就弱，往往面临的风险就较大。随着统筹层次的提升，覆盖人口尤其是参保人口数量的扩大，对医疗保险的经办能力和水平又提出了更高的要求，当相关要求超出当前的实际能力和水平后，就会产生新的风险。因此，医疗保险覆盖人群是医疗保险筹资风险的主要着力点，覆盖人口的数量应与当地医疗保险的实际经办能力相一致。

（2）经济状况

人们是否参加医疗保险的一种重要因素要看筹资水平，也就是缴费水平。适宜的缴费水平有利于吸引人们参保，过高的缴费水平会把想参保但经济条件又不够的人们逼退，过低的缴费水平又会让医疗保险处于收不抵支的风险之下。筹资水平，必须以人们的经济状况和社会经济发展水平作为主要标杆。一旦打破筹资水平与人们经济状况的平衡关系，将直接把医疗保险制度置于风险之中。

（3）筹资方式

筹资方式即缴费方式，也是影响医疗保险筹资的重要因素之一。在哪里缴费、谁来经办、通过什么方式缴费、什么时候缴费、不按规定缴费会有什么后果、如何进行补缴，这些都会影响医疗保险的筹资进度，影响医疗保险是否能及时、足额缴纳。

医疗保险的筹资风险有时是以上各种风险因素中的某一种风险因素单独发挥作用，有时又会是其中的两种或两种以上发生交互作用，使得筹资风险更难把握。往往需要对各种风险因素进行综合评估以后，才能够选择某一优化方案作为筹资方案。

2. 管理风险

医疗保险的管理风险是指经办机构在运营医疗保险的过程中所导致或引发的风险。医疗保险本身的专业性和技术性，要求医疗保险管理需要有专门的机构和人员。医疗保险的经办和管理人员要具有多方面的能力，包括财务能力、医学技术、医保知识、信息管理能力、稽核能力、统计分析能力、熟悉法律法规等。同时，医疗保险管理应有独立性，并有相应的监督机制。医疗保险管理涉及巨额的医疗保险基金，在经办过程中往往受到各种利益因素影响，不但会影响医疗保险的正常运转，而且会使部分经办人员陷入违法境地。

3. 保值增值风险

如何保障这一部分医疗保险基金的保值和增值是当前的一个重点问题。为了保值增值，往往需要对相关基金进行投资来增加收益，避免因通货膨胀所致的基金贬值。然而，投资本身也面临着一定的风险，就是选择什么样的投资组合来实现我国医保基金的保值和增值。作为社会保险基金的重要组成部分，医疗保险基金投资需要在保障基金的安全性和收益性上进行综合平衡。

（三）监管风险

监管是保障医疗保险可持续发展的关键措施。加强监管不但有利于控制其他各种风险的发生，还能够及时对医疗保险进行风险预警。医疗保险的监管工作实际上就如同足球场上的守门员，是保障医疗保险基金安全的最后一道屏障。

医疗保险基金作为整个医保制度的物质基础和财力支撑，是医疗保险可持续发展的核心。近年来医保发展迅速，基金规模不断扩大，然而有关医疗保险基金的负面消息不时见诸报端。以新型农村合作医疗为例，为保证新农合制度的运行和发展，政府或相关职能部门出台了一系列政策规定，新农合涉及的相关法律规定过于分散。此外，政府或相关职能部门出台的相关文件，主要是规范性政策，存在强制性不足、权威性不够等问题，容易导致新农合监管主体不明确、监管过程缺少目的性等问题，降低了监管的效果。

三、医疗保险风险防范

（一）注重医疗保险制度建设

加强医疗保险制度建设是防范医疗保险风险的重要基础。当前，医疗保险制度建设应当加强以下几个方面：一是要加强医疗保险体系建设，逐步整合新型农村合作医疗与城镇居民医疗保险；二是要逐步提高统筹层次，加强医疗保险基金的抗风险能力；三是要健全异地就医管理制度，保障参保居民的就医便利性；四是要做好不同医疗保险制度的转移和接续工作；五是要制定适宜的缴费水平，不过高也不过低；六是要完善医疗保险支付制度，降低医疗保险基金的透支风险。

（二）建立医疗保险风险预警机制

建立医疗保险风险预警机制是防范医疗保险发生风险，危及医疗保险可持续发展的有效措施。风险预警机制是运用特定的数据处理工具，形成具有特定预警功能的理论与方法体系对未来的风险进行评估，并根据风险程度大小进行不同等级的警示。医疗保险基金风险管理领域引入风险预警系统相关理论，建立合理的医疗保险基金险预警机制，能够实现对医疗保险基金的整体风险进行动态监测，确保医疗保险基金平稳运行。

医疗保险预警机制的建立，关键是寻找到适宜的医疗保险基金风险预警指标；然后，通过医疗保险经办机构及定点医疗机构的信息管理系统，得到预警信息模块所需要的数据；随后根据建立的风险指标评价体系及风险判别模型对未来的基金风险程度做出警度判别；最后根据所得警度大小提出相应对策和建议。对策实施效果会通过信息反馈路径在医疗保险基金的运行数据中得以体现，从而使基金运行一直处于实时监测之中，保障基金运行安全。

（三）加强医疗保险基金监督

我国医保基金监管要服务于我国社会保障制度建设的大局，服务社会，服务参保人。作为社会保障体系的一个重要组成部分，对于医保基金监管的目标是，提高其服务社会的能力，减轻广大居民的医疗负担，同时维护好自身的社会形象，促进社会和谐发展，凸显社会主义制度的优越性。医疗保险基金监督管理体系包括行政监督、审计监督、社会监督。

行政监督是基金管理监督机制中的一个主导环节。在我国对医保基金进行行政监督的主体包括人力资源和社会保障部门、卫生健康部门与财政部门。这三个部门首先在政策上对医保基金的运营进行宏观把握，用制度规范基金的运营。其次是负责审核基金的预决算，对基金的开支情况进行审批。在业务流程上，通常是各经办机构按照两部门的要求定期向其进行汇报，或者两部门开展一些不定期的突击审查。

审计监督是基金监督机制中最为独立、最具公正的环节。它是医保基金不受侵犯、医保事业健康发展的保证。审计监督通常是指审计署及各地方审计机关定期或不定期对医疗保险运营情况和经办机构管理情况进行的监督检查。各经办机构应该建立健全严肃的财经纪律，自觉接受审计部门的检查。

社会监督是基金监督机制中的一个重要环节。在前面两种监督模式下，医疗保险或新农合经办机构往往为劳动保障部门和卫生计生部门下设的事业单位，这就使得两种监督的主体都是国家行政部门，出现了既是运动员又是裁判员的情况。为保证监督的客观性和公正性，有必要引进社会监督，将基金的收缴、管理、支付、结余情况定期向社会公布，同时由专家学者、缴费单位和个人共同组成社会监管力量，加强对基金的监督管理。

医保基金安全监管体系建设是一项任重道远的工作，如何调动各方力量，协调各部门之间的关系，构建符合我国国情实际的医保基金监管体系，提高医保基金服务社会的能力任重而道远。

（四）强化医疗保险内部风险控制

由于涉及巨额医疗保险基金，存在着潜在的巨大道德风险，社会保险内部经办工作中的利益风险高，如何保障医疗保险经办过程中的低风险一直是医疗保险风险防范中的重要问题，医疗保险内部风险控制有利于降低医疗保险的相关风险。

医疗保险的内部风险控制主要是指医疗保险经办机构按照政府相关规定和相关财政、会计规则而建立起来的内部管理控制制度。通过内部管理和稽核，一方面，有利于实现医疗保险信息透明化；另一方面，有利于降低医疗保险经办机构及人员的相关风险，从而实现医疗保险的风险内部控制。医疗保险内部风险控制的重要手段是进行内部考核和内部监督。

第八章 医疗保险信息系统与评价

第一节 医疗保险管理信息系统

一、医疗保险管理信息系统概述

（一）医疗保险管理信息系统的概念

基于管理信息系统的基本概念，这里认为，医疗保险管理信息系统（Medical Insurance Management Information System，MIMIS）实质就是管理信息系统在医疗保险系统中的应用具体来说，就是一个以人为主导，利用计算机硬件、软件、网络通信设备及其他办公设备，进行信息的收集、传输、加工、储存、更新和维护，以提高医疗保险管理效率及决策科学性为目的，支持高层决策、中层控制、基层运作的集成化的人机系统。利用医疗保险管理信息系统可以实现医疗保险的高效运行和科学决策管理。

（二）医疗保险管理信息系统的要素

医疗保险管理信息系统的要素主要包括以下几个方面。

（1）管理。管理信息系统是服务于管理的，管理是信息系统服务的对象，也是管理信息系统的基本要素。医疗保险各级管理人员利用管理信息系统提供的信息，对医疗保险运行中的各项活动进行高效管理。信息管理已成为现代管理的一个重要方面。

（2）信息。信息是管理信息系统中最重要的要素。医疗保险管理信息系统能起多大的作用，对医疗保险管理能做出多大的贡献，都取决于有没有足够的和高质量的信息，而能否得到高质量的信息又取决于工作人员对信息的认识。可以认为，信息是实现有效管理的一项极为重要的资源。

（3）系统。系统是管理信息系统的另一个基本要素。一般认为，系统是一个由若干个相互联系、相互制约的要素结合而成的、具有特定功能的有机整体。判断医疗保险管理信息系统性能的好坏可以依据以下几点：一是系统的目标是否明确；二是系统的结构是否合理；三是系统的接口是否清楚；四是系统是否能观能控。

（4）人员。管理信息系统是一个人机系统，并且人员占主导地位。医疗保险管理信息系统中的人员既包括各级管理人员，也包括普通业务人员，另外还包括维持系统正常运行的技术人员。当然，各级管理人员是管理信息系统的用户，管理信息系统主要是为其用户提供信息服务的。

（三）医疗保险管理信息系统的功能

1. 数据处理功能

医疗保险管理信息系统的数据处理功能是指对医疗保险管理过程中的原始数据进行收集、传递、加工、贮存和输出，以便查询和使用。

（1）收集数据功能

对原始数据的收集，也就是将不同时间和不同管理层次上分散的原始数据（如报表、单据等）集中起来，并通过一定设备手段（如键盘、扫描仪、磁带机、光盘机等）将其输入计算机。数据收集是整个数据处理的基础，其工作质量是医疗保险管理信息系统能否有效发挥作用的关键。

（2）传递数据功能

把数据或信息从一个子系统向另一个子系统及在不同管理层之间的传送。数据传送的速度和准确度是系统的重要功能。

（3）加工数据功能

对进入医疗保险管理信息系统中的各种数据进行分类、合并、汇总、统计计算等，从而产生满足不同管理层次需要的有用信息。对数据进行加工处理是医疗保险管理信息系统的核心功能，系统的加工处理水平越高，越能满足不同管理层次对信息的需求。

（4）存贮数据功能

即将原始数据及加工处理后所得到的各种信息贮存起来，以备今后使用。在这里不但要注意存贮数据或信息的介质（物理存贮设备），又要注意存贮的组织方式（逻辑关系）等问题，这样才能有效提高医疗保险管理信息系统的安全性及工作效率。

（5）输出信息功能

根据用户的不同需求，以不同的形式将信息提供给用户。输出信息是否易读易懂、直观醒目、快速准确等，均会影响医疗保险管理信息系统的使用效果和功能的发挥。

2. 支持管理与决策功能

充分利用加工处理后的数据（信息）以有力支持管理与决策，是医疗保险管理信息系统的主要功能，也是最难实现的任务。

（1）控制功能

对医疗保险业务中每一个过程、环节及具体工作的运行情况进行监控、检查、比较计划与执行的偏差，根据比较分析结果对管理工作进行控制，以达到预期的目的。

（2）决策功能

对医疗保险管理过程中的各种数据进行加工处理后，会得到大量的与决策有关的信息，从而协助医疗保险组织的各层管理人员做出相对满意和正确的决策。

（3）预测功能

根据过去和现在的数据，运用各种数学方法及模型，预测将来参保人的健康状况及医疗保险基金的筹集、支付和积累规模等。

二、医疗保险管理信息系统的结构

医疗保险管理信息系统的结构是指构成医疗保险管理信息系统的各部件（各要素）所构成的框架。由于对部件的不同理解就构成了不同的结构方式，其中最重要的是概念结构、功能结构和网络结构。

（一）医疗保险管理信息系统的概念结构

1. 信息源

信息源包括内信息源和外信息源两部分。其中内信息源是指医疗保险机构内部经营管理活动中所产生的数据和信息；外信息源是指来自医疗保险机构外部环境的数据及信息，通常来自定点医疗机构、政府主管理部门及参保单位等的数据和信息。医疗保险系统中，来自信息源的信息主要有以下四类。

（1）政策参数信息。政策参数信息主要包括医疗保险费征缴比例、保险范围、个人账户划拨比例、起付线和封顶线的规定、特殊人群的医疗保险规定、有关政策法规的名称和生效时间及主要内容等。

（2）基本信息。基本信息主要包括社会保险经办机构、定点医疗机构、定点零售药店和参保单位、在职人员、离休人员、退休人员、人员参保的身份等基本情况。

（3）业务信息。业务信息主要包括参保单位登记和申报、缴费核定、费用征集、个人账户管理、费用审核、费用支付，以及与审核相关的必要医疗服务信息。

（4）基金管理信息。基金管理信息主要包括基金的当期收入、当期支出、当期和历年结余、投资营运等信息。

2. 信息处理器

信息处理器是由数据的采集、传输、加工、储存等设备组成，它的主要功能是获取数据并将其变为信息，提供给信息用户。

3. 信息接受者

信息接受者是信息的用户，是医疗保险机构内不同职能、不同层次的管理人员，他们利用信息进行预测、决策，指导日常业务工作等。

4. 信息管理者

信息管理者是指负责管理信息系统开发和运行的人员，并协调系统中各组成部分间的关系，使之成为有机整体。

（二）医疗保险管理信息系统的功能结构

从使用者的角度看，一个管理信息系统围绕组织目标，分解成多种功能，各种功能之间又有各种信息联系，构成一个有机结合的整体，形成一个功能结构。由于医疗保险系统运营的复杂性，医疗保险管理信息系统的功能结构也不尽相同。一般来讲，医疗保险管理信息系统通常由医疗保险管理信息中心系统、定点医疗机构收费系统、社会化服务系统等子系统及相关功能模块构成。下面重点介绍医疗保险管理信息中心系统和定点医疗机构收费系统。

1. 医疗保险管理信息中心系统

医疗保险管理信息中心系统是整个系统的核心子系统，其功能主要包括系统管理、基础信息管理、审核、基金管理、通信管理 IC 卡管理（包括制作、发放、挂失、补发、注销等）、查询检索和统计报表等。为了实现以上功能，并结合我国医疗保险的运作模式，医疗保险管理信息中心系统又可分成五个子系统：医疗保险基金管理信息子系统、被保险方管理信息子系统、服务机构管理信息子系统、财务管理信息子系统和医疗保险机构内部管理子系统。

（1）医疗保险基金管理信息子系统

医疗保险基金管理信息子系统的主要功能是为医疗保险基金管理者提供有关医疗保险

基金的测算、筹集、分配、支付及投资等环节中的信息，以解决医疗保险基金的缴纳标准、如何筹集和如何运用等问题。这些功能主要是由基金筹集模块、基金支付模块和基金投资营运模块来完成。

（2）被保险保方管理信息子系统

被保险保方管理信息子系统的主要功能是收集及提供参保单位和参保个人的基本信息，通过对人口特征、人群健康状况及环境卫生情况的分析，预测人群健康发展趋势。另外，还对被保险人的就医项目及费用进行监控，从而全面掌握参保人的就医行为。这些功能这要由注册管理模块、健康档案管理模块及就医行为管理模块来实现。

（3）服务机构管理信息子系统

服务机构管理信息子系统的主要功能是对提供医疗服务的各级医疗机构进行资格审查，对医疗服务机构提供的服务项目、服务质量及服务收费情况进行综合审核。这些功能主要是由资格审查模块、服务质量监控模块及服务项目审核模块来完成。

（4）财务管理信息子系统

财务管理信息子系统的主要功能是为医疗保险管理机构提供有关财务管理信息，进行医疗保险成本及效益状况分析，对医疗保险管理活动中的各种经费收支情况进行综合监督和审查。这些功能主要由日常财务管理模块、经费审计模块及成本核算模块来完成。

（5）医疗保险机构内部管理子系统

医疗保险机构内部管理子系统的主要功能是为医疗保险管理机构内部提供人、财、物等方面的信息，如医疗保险机构应招收什么人，招收多少人，发挥作用如何，人员工资及管理费的使用情况，物资设备管理等。这些功能主要由人事管理模块、内部财务管理模块物资管理及设备管理模块来实现。

2. 定点医疗机构收费系统

定点医疗机构收费系统是医疗保险管理信息系统的前台，它与后台医疗保险管理信息中心系统相连接，担负采集医疗保险数据的工作。其主要功能包括门诊划价收费、住院结算、科室核算、信息查询、收费报表等，并及时将有关数据发往医疗保险机构集中处理。为实现上述功能，该系统可由门诊收费、住院收费、信息查询、收费报表、数据交换五个子系统构成。

（1）门诊收费子系统

门诊收费子系统的主要功能是：核对参保患者的身份；选择诊疗科室、主治医生及病种；门诊诊疗服务的划价处理、退费处理及清单打印等。这些功能通常由门诊收费划价模块、退费处理模块及打印票据模块来完成。

（2）住院收费子系统

住院收费系统的主要功能是：对住院参保患者进行身份核实，并产生个人住院号码；录入住院预缴押金；对住院患者基本信息的修改；对患者在住院期间所用的药品或进行的检查、治疗等各项费用的录入，以及对出院或转院患者的费用结算等。这些功能主要由住院登记模块、数据修改模块、费用录入模块和出院结算划价模块来实现。

（3）信息查询子系统

信息查询子系统的主要功能是：查询 IC 卡中该人的基本信息及在各定点医疗机构所发生的费用；查询参保人每次费用发生的明细情况及费用汇总全额等。这些功能主要由 IC 卡查询模块、收费明细查询模块、催款单查询模块和个人档案查询模块来完成。

（4）收费报表子系统

收费报表子系统的主要功能是：对当日的门诊和住院收费等基本情况进行总结，并产生日报表；根据定点医疗机构的收费情况，可以产生收费明细表、科室核算表、收费汇总表及医疗保险收费汇总表等。这些功能主要由收费日结（门诊日结、住院日结）模块、收费明细表模块、科室核算表模块及医疗保险汇总表模块来实现。

（5）数据交换子系统

数据交换子系统的主要功能是：对定点医疗机构收费系统所产生的与医疗保险业务有关的数据、报表和文件上传给医疗保险管理信息中心系统。另外，该子系统还可接收由医疗保险管理信息中心系统下传的文件和信息。这些功能主要由数据上传模块、数据接收模块、项目字典文件上传模块及项目字典文件下载模块来完成。

（三）医疗保险管理信息系统的网络结构

1. 星形

星形拓扑结构中有一个位于中心点的网络集线器或计算机系统，其他计算机或计算机设备通过通信介质连在其上。星形网络中心点的计算机控制和指示信息的传送方向。优点是易在网络中增加新站点，数据安全性和优先级容易控制；缺点是中心节点故障可能会引起整个网络的瘫痪。

2. 环形

环形拓扑结构中各站点通过通信介质连接成一个封闭的环形。环形网络中，不存在位于中心点起协调作用的计算机。优点是易安装，易对数据安全进行监控；缺点是容量有限，难在网络中增加新站点。

3. 总线形

总线形结构是在一根电缆总线或远程通信线上连接各种计算机或计算机设备。总线形网络是个人计算机网络中最流行的一种。优点是易安装，成本低；缺点是数据安全性差，监控难。

至于树形、层次形、网状形等其他类型的网络都是以上述三种类型为基础的，可由这三种拓扑结构中的任意一些组合而成。实际的医疗保险管理信息系统网络结构，无论是局域网还是广域网结构都比较复杂。

三、医疗保险管理信息系统的建设

（一）基本原则

1. 统一规划，分级建设

统筹安排人力资源和社会保险各业务领域信息化建设，进行全局规划和顶层设计，将各地信息化建设纳入全国统一的规划当中，形成统一、规范的人力资源社会保险信息系统，发挥整体效能。

2. 数据集中，服务下延

坚持高层级集中部署，推动数据向上集中，形成符合业务发展方向和技术实现要求的数据分布格局。通过信息网络将服务向基层延伸，为广大服务对象提供更加便捷、高效的服务。

3. 标准统一，资源共享

实行全国统一的信息和技术标准，推动信息系统的集约化建设，实现软硬件设备、网络等的共用、共享。推进网络互联，实现信息资源的有效整合、共享和交换。

4. 深化应用，务求实效

以人力资源和社会保险业务发展需求为导向，以人力资源和社会保险重点工作为切入点，明确系统建设优先顺序。在抓系统建设的同时，更加关注系统应用，将应用效果作为衡量信息化成效的重要标志。

5. 安全可靠，高效运行

把信息安全放在至关重要的位置，做到信息安全与信息化同步规划、同步建设、同步发展，全面提升系统的安全水平，保证数据的安全和系统安全、稳定、高效地运行。

（二）医疗保险管理信息系统建设的过程和任务

1. 系统规划

系统规划是根据用户的系统开发请求进行初步调查，明确问题，确定系统目标和总体结构，确定各阶段的实施进度，然后进行可行性研究。系统规划一般包括以下三个步骤。

（1）初步调查

初步调查的主要内容是：①医疗保险系统管理及经营方针调查；②医疗保险组织机构调查；③系统人员情况调查；④医疗保险管理工作调查；⑤医疗保险系统信息流程调查；⑥设备能力调查，主要了解医疗保险管理系统内各种计算机硬件、软件及通信设备情况等。

（2）提出系统的总体方案

通过初步调查，提出系统的总体方案，具体包括：①系统目标，即确定系统要解决的问题；②系统范围和功能；③系统结构和组织；④系统设备的初步配置；⑤系统的开发人员组织和进度计划。

（3）可行性分析

可行性分析的内容包括以下几方面。①技术方面的可行性，即根据现有的技术条件，考虑所提出的要求能否达到。②经济方面的可行性，主要解决两个问题：一是承担开发所需资金；二是医疗保险管理信息系统的经济效益。③操作方面的可行性，主要解决的问题是开发出的新系统能否实现以及能否高效率地执行预期的功能，即医疗保险管理组织内外是否具有接受使用新系统的条件。

2. 系统分析

系统分析是从系统的观点出发，以系统结构、系统方法为主导，对现行系统的状况进行详细分析与综合，从而找出可能性方案，以供决策者进行优化选择。系统分析一般包括两个步骤。

（1）详细调查

详细调查的任务是对系统的组成、各部分的功能、所涉及的信息及处理算法等进行全面调查，其主要内容有系统功能调查、业务流程调查、信息分析和处理调查等。

（2）分析描述

详细调查后，将所收集的资料和信息整理、分类，然后用规范化形式将系统的要求描述出来，这就是所谓的系统需求分析说明书。它既是系统的逻辑模型，又是用户验收系统的标准。内容主要包括：①信息描述，涉及整个系统的数据流程图、数据结构、数据类型、系统接口和内部接口方式等；②功能描述，描述系统的主要功能、处理过程以及约束条件等；③有效性标准，即指明系统的性能界限、测试类型、预期的系统响应时间和一些特殊考虑等。

3. 系统设计

系统设计是在系统分析结果的基础上，进行新系统总体结构和具体物理模型的设计。

（1）系统总体结构设计

系统总体结构设计又称为概要设计，它是根据系统分析的要求和组织的实际情况对新系统的总体结构形式和可利用的资源进行大致设计。总体结构设计的主要内容包括：子系统的划分、网络和设备的配置、计算机处理流程图的设计等。

（2）具体物理模型设计

具体物理模型的设计又称详细设计，它是在初步设计的基础上根据实际的资源和技术条件并以计算机系统为对象设计出实现系统基本功能的实际模型，物理模型设计的主要内容包括：①代码设计；②数据结构和数据库设计；③输入输出设计；④模块结构与功能设计。

4. 系统实施

系统实施是将系统设计阶段的结果在计算机上实现，包括设备购置和安装、程序编码和测试及系统转换三个方面的工作。

（1）设备购置和安装

根据详细设计阶段提供的设备清单购置设备，进行安装和调试，并熟悉新设备的使用和维护。

（2）程序编码和测试

根据系统要求，编制生成能在计算机上运行的执行程序，并进行程序的运行测试。程序测试的主要步骤是自下往上分步骤按照模块调试、子系统分调及整体联调的方法对整个系统的所有性能进行综合的测试，旨在考查新系统内各子系统之间及新系统与其他相关系统之间关系的正确性。

（3）系统转换

用新系统代替旧系统即为系统转换。系统转换通常有三种方式：一是直接转换；二是并行转换；三是分段转换。

总的来说，三种转换方式各有利弊。第一种方式较简单，但风险大，万一新系统运行失败，就会给工作造成混乱。因而只有在系统小、且不重要的情况下采用。一般系统情形下不宜采用。第二种方式无论从工作安全上，还是从心理状态上均是较好的。这种方式的最大缺点就是费用高，系统太大时，费用开销更大。第三种方式是为克服上述方式的缺点而采用的混合方式，在较大系统中使用较合适，当系统较小时不如用第二种方式方便。

5. 系统维护与评价

系统维护与评价是系统建设的最后一个阶段。在新系统投入使用后，为能保证系统的顺利运行，离不开日常的维护工作。同时，为了弄清新系统是否达到了预期的目标需要对实际达到的性能和效益进行评定，以便对整个系统的性能做出评价，并以此作为系统更新及进一步开发的依据。

（1）系统维护

系统维护是保证系统顺利运行的基础，也是在系统建设时必须考虑的问题之一。内容主要包括软件维护、硬件维护、网络维护和数据维护四个部分。

（2）系统评价

系统评价是为了检查系统的目标、功能、性能、质量、效率和可维护性等内容而进行的全面评估、测试、检查、分析和评审。内容主要包括系统经济性评价、系统适应性评价、系统维护性评价及系统建设质量的评价等。

（三）医疗保险管理信息系统建设的要求

1. 加强领导

在系统建设和实施过程中不仅涉及社会保险机构内部的各部门、人员的职责和利益，还涉及医疗服务机构等部门。各级社会保险机构在进行系统规划时，主管领导要亲自主持，统一协调和指挥，以保证业务流程优化、岗位设置合理、管理制度可行，进而保证系统建设和实施的顺利进行。

2. 规范业务流程

医疗保险管理信息系统绝不是手工操作的简单翻版，一定要从计算机管理和现代化信息系统的高度进行业务流程的规范化和优化工作，包括管理模式和业务处理模式的选择，部门和岗位的设置，职责和权限的划分等。通过对业务流程的优化，在部门及人员之间形成分工合理、权责分明、相互制约的机制。

3. 充分论证

医疗保险管理信息系统建设难度大、投资大、风险大，系统建设要进行充分的论证。

不仅要对各种备选方案的投资成本、潜在风险和复杂性进行估算，还要对系统的运行费用和维护费用进行细致的测算，方能选择最佳方案，求得最高的性能价格比。在系统建设时，如果不进行充分的需求分析，追求不切合实际的"短平快"，只会造成工程的返工和更大的浪费，因而要进行合理的工期估算，以保证系统建设的质量。在制订工作计划时要合理确定系统建设周期，不能急于求成。

4. 重视基础数据的准备

在系统建设的同时要做好基础数据的准备工作，没有完整、准确的基础数据，即使建立了较好的软硬件和网络环境，医疗保险系统同样不可能高效、顺利运行。

5. 充分利用医院管理信息系统

取得医疗机构的支持与配合是搞好医疗保险制度改革的必要条件。在医疗保险管理信息系统规划设计时应考虑与医院管理信息系统的衔接，充分利用医院管理信息系统，避免浪费。

6. 加强与承建单位和其他技术服务部门的联系

医疗保险管理信息系统的复杂性决定了单纯依靠社会保险经办机构的计算机技术人员是难以维护系统的长期运转和升级工作的。特别是在各地社会保险经办机构普遍存在计算机技术人员缺乏和难以保有一支稳定的高技术人才队伍的情况下，各地社保经办机构更要重视系统承建单位的服务能力，并与其建立长期的服务关系。要转变观念，将投入系统建设中的一部分经费转向购买服务，从而保证系统长期、安全、高效地运行。

四、医疗保险管理信息系统的运行管理

医疗保险管理信息系统是否能得到成功应用，关键在于系统的运行管理。管理信息系统的成功因素中三分是技术，七分是管理，管理的关键是系统的运行管理。系统的运行管理主要涉及三个方面的重要内容：运行组织、运行管理制度和运行人员配备。

（一）医疗保险管理信息系统的运行组织

医疗保险管理信息系统的运行组织工作，主要涉及信息系统由哪个部门负责，由谁来负责，谁来承担系统运行管理工作。从信息系统在医疗保险管理机构中的地位看，我国的医疗保险管理信息系统运行组织可分成如下几种结构。

1. 部门管理

部门管理运行组织方式属于信息系统应用过程中的初级阶段。计算机操作被少数员工

所掌握，并且在各级管理部门仅起到简单的文字处理作用，只能辅助各个管理职能部门做简单的信息预加，组织级别低，没有形成综合信息，因此信息的利用率低。我国早期的医疗保险管理信息系统运行组织基本属于这种结构。

2. 计算中心

计算中心运行组织方式是信息系统建设过程中已经初具规模，从单机走向网络，把各个管理职能部门的信息孤岛通过计算机网络形成一体化的信息系统。计算机被更多的员工所掌握，信息综合处理程度提高，信息越来越受到各级管理部门的重视，信息已经成为一种资源，供组织内部各个部门分享。

3. 信息中心

信息中心运行组织方式是信息系统中的最高阶段，信息系统成为组织管理必不可少的工具，信息系统中的信息直接提供给组织最高层领导。此时的信息系统不仅能够实测组织的运行状况，而且可以提供预测和决策的功能；不仅能够提供组织内部的实时信息，而且可以收集组织之外的相关信息，信息已成为关键资源。在这种运行组织方式下有一个较完整的运行机构，信息系统的运行不是某一部分的工作，而是涉及全体员工。这种方式也是我国医疗保险管理信息运行组织建设发展的方向。

（二）医疗保险管理信息系统的运行管理制度

医疗保险管理信息系统的运行管理制度是保证该系统正常运转的基础，主要包括以下四个方面。

1. 系统日常运行管理制度

日常运行管理制度通常包括系统操作规程、系统安全保密制度、系统运行日记制度、日常运行状态记录等资料归档制度、内部文档管理制度等。

2. 基础数据管理制度

基础数据管理制度主要包括对数据收集方法、校对方法、数据流程、数值统计方法、数据收集渠道的管理制度，以及系统内部各种运行文件、历史文件等原始数据的管理制度。

3. 系统维护管理制度

信息系统在长期运行过程中由于管理体系、管理组织、管理制度等多方面因素的变化，都会引起管理信息系统的调整。因此，信息系统的维护工作是长期的，无法避免的。对于计算中心以上的运行组织方式，都必须配备系统维护组织，具有相关的系统维护人员，同时需要建立相应的维护管理制度，如系统维护人员的职责和权限，维护的过程和方法，以及维护的文档管理等。

4. 人员管理制度

医疗保险管理信息系统运行过程中涉及的人员较为复杂，既有各级管理人员，也有普通业务人员，另外还包括维持系统正常运行的技术人员。为了确保系统的安全运行，需要建立各类人员管理制度，主要包括各类人员的岗位、职责和任务，确定不相容岗位的操作授权等管理制度。

(三)　医疗保险管理信息系统的安全管理

医疗保险管理信息系统一旦投入运行，系统安全问题就成为系统能否持续正常运行的关键。作为一个联机事务系统，要求能够及时、高效、准确地处理数据和信息，防止系统网络本身及其采集、加工、存储、传输的信息数据被故意或偶然地非授权泄露、更改或破坏，从而有效保障信息的可用性、机密性和完整性。

1. 引起系统不安全的因素

引起系统不安全，即引起系统网络本身和系统的数据信息不安全。其因素主要包括两个方面。

(1) 系统信息网络自身的脆弱性

系统信息网络自身的脆弱性主要包括：①在信息输入、处理、传输、存储、输出过程中存在信息易被篡改、伪造、破坏、窃取、泄露等不安全因素；②信息网络自身在操作系统、数据库及通信协议等方面存在安全漏洞和隐蔽信道等不安全因素；③服务器软件自身存在安全问题，应用程序安全性差；④在其他方面，如磁盘高密度存储受到损坏造成大量信息的丢失，存储介质中的残留信息泄密，计算机设备工作时产生的辐射电磁波造成的信息泄密等。

(2) 系统信息网络安全面临的外部威胁

系统信息网络安全面临的外部威胁主要来自：①电磁泄漏、雷击等环境安全构成的威胁；②软硬件故障和工作人员误操作等人为或偶然事故构成的威胁；③利用计算机实施盗窃、诈骗、非法访问或篡改、伪造、破坏数据等目的的违法犯罪活动的威胁；④网络黑客攻击和计算机病毒构成的威胁，以及信息战的威胁等。

2. 医疗保险管理系统安全措施

要保证医疗保险管理信息系统的运行安全，需要采取一系列安全管理和保护措施，建立一个完备的安全管理保护体系。该体系主要包括安全组织机构、安全管理制度和安全技术体系三个方面。

（1）安全组织机构

就是通过组建完整的信息网络安全管理组织机构，设置专职或兼职的安全管理人员，坚持"谁主管谁负责，谁运行谁负责"的原则，从而确保系统的安全性。信息安全管理组织机构的主要职责是：制定工作人员守则、安全操作规范和管理制度，经主管领导批准后监督执行；组织进行信息网络建设和运行安全检测检查，掌握详细的安全资料，研究制定安全对策和措施；负责信息网络的日常安全管理工作；定期总结安全工作，并接受公安机关公共信息网络安全监察部门的工作指导。

（2）安全管理制度

就是通过建立并执行一系列安全管理保护制度，以确保系统的安全。安全管理保护制度主要包括以下几个方面：①计算机机房安全管理制度；②安全管理责任人、信息审查员的任免和安全责任制度；③网络安全漏洞检测和系统升级管理制度；④操作权限管理制度；⑤用户登记制度；⑥信息发布的审查、登记、保存、清除和备份制度等。

（3）安全技术体系

就是通过采取一系列安全保护技术措施，以确保医疗保险管理信息系统的物理安全性、信息安全性和网络安全性。具体的安全保护技术措施主要包括以下几个方面：①口令保护措施，保护口令的一种方法就是口令加密；②身份认证措施，主要包括数字签名、身份验证和数字证明；③系统重要部分的冗余或备份措施，通常用磁盘阵列，双设备或辅助设备来实现；④计算机病毒防治措施，充分利用和正确使用杀毒软件，定期查杀计算机病毒，并及时升级杀毒软件；⑤网络攻击防范及追踪措施，可以用各类防火墙、漏洞扫描器、物理隔离器和逻辑隔离器、网页恢复产品等来完成；⑥安全审计和预警措施，主要用安全审计产品来实现；⑦记录用户主叫电话号码和网络地址的措施。

第二节 医疗保险评价

一、医疗保险评价概述

（一）医疗保险评价的概念

评价（estimate）是控制行动偏离目标、总结经验、吸取教训和改进工作，并对目标实现程度进行测量的系统化措施，对实现目标的价值进行衡量。

医疗保险评价是指根据国家的医疗保险发展目标，对医疗保险资金的筹集、分配和使用，医疗保险实施的社会效益和经济效益进行综合分析和评判，从而为医疗保险的运作与管理提供决策依据医疗保险评价是对目标实现程度的评判，也是对医疗保险目标价值的衡量。医疗保险评价作为医疗保险管理的重要内容，应该贯穿于医疗保险实施的全过程，以便总结经验、不断改革和完善医疗保险制度，造福于社会和人民。

(二) 医疗保险评价的原则

1. 全局性原则

医疗保险涉及面广，进行评价时不能只注重某方面，而忽略其他方面所发挥的作用。由于医疗保险是一个复杂的社会系统工程，因此，评价应确立全局观点，把反映各个子系统工作全貌的数量、质量、条件、效益的指标全列出来，运用综合评价方法，找出有代表性和规律性的指标，才能够揭示医疗保险的全貌。

2. 客观性原则

医疗保险是一个实践性很强的工作，指标体系应能反映医疗保险运行的真实情况。由于经济发展水平的地域差异较大，各地所实施的医疗保险制度也存在差异，因此，应针对各地区情况制定具有较高特异度的指标。为了保证评价指标体系的客观性，需要建立和不断完善医疗保险管理信息系统，以提供客观、真实的信息。

3. 可操作性原则

评价指标和标准是评价工作的依据，因此指标体系应从实际工作中建立起来，尽量使用现有报表，使评价易于操作。同时，指标应该以定量指标为主，避免由于大量定性指标导致评价结果受主观意愿的影响过大。

4. 动态性原则

医疗保险作为社会系统中的一个组成要素，会受到社会、政策、经济和管理等各种因素的影响而经常发生变动。因此，对医疗保险的评价也应该是动态的，评价指标体系必须随着社会的发展和各种影响因素的变化而做适当调整。

5. 公平性原则

互助共济、风险共担是医疗保险的基本原理，每一个被保险人在遭遇疾病风险时都有同等的就医机会，得到医疗保险制度规定的经济补偿，满足其对于医疗服务的需要，而与其收入水平和支付能力没有关系。公平性是医疗保险评价的目标之一，在医疗保险评价中公平性涉及筹资、分配和使用三个层面，公平性还可以从水平公平和垂直公平两个角度来分析。

（1）水平公平。水平公平（Horizontal Equity）是指具有同等支付能力的人，其实际缴纳的医疗保险费水平应相等，即筹资的水平公平性；或者具有同等医疗服务需要的人，无论其收入水平如何，应能得到同等质量和数量的医疗服务，即分配和使用的水平公平性。

（2）垂直公平。垂直公平（Vertical Equity）是指具有不同支付能力的人，其缴纳的医疗保险费不同，高收入者缴纳的费用较高，低收入者则较低，即筹资的垂直公平；或者医疗服务需要水平不同的人所得到的医疗保险的保障程度和范围也不相同，需要水平高者得到较多的保障待遇，反之则得到较少的保障，即分配和使用的垂直公平。

6. 效率性原则

由于卫生资源相对于人们的健康需求是有限的，医疗保险作为卫生服务的一个重要的筹资手段，其所能提供的资源也是有限的。因此，要提高医疗保险资源的利用效率，促进卫生资源的合理利用。效率性通常用卫生资源的管理效率、分配效率和技术效率来表示。

（三）医疗保险评价的分类

1. 按医疗保险评价的时机分类

（1）事前评价

事前评价是指医疗保险制度和方案在实施运作前对其进行科学性、合理性和可行性的评价。根据拟开展医疗保险地区的实际情况，通过采用模拟或其他预测方法预先评价该医疗保险方案，并对方案进行适当的调整。如果是政府部门进行的事前评价，还要考虑其他有关政策法规的合理性及相互影响等因素，如果有必要还须对有关政策进行调整。

（2）中间评价

中间评价是指在医疗保险规划和方案实施过程中进行的评价。通过中间评价，可以明确方案是否按计划进行，是否向着预定的目标前进，并分析与计划和目标不符的原因，提出解决问题的对策，以便进一步完善医疗保险制度和方案。

（3）事后评价

事后评价是指医疗保险方案全面实施后，评价其是否达到预期的目标，是否取得阶段性成果。事后评价主要利用医疗保险实施后所获取的有关信息资料，包括医疗保险管理信息系统和调查研究所获得的资料来进行分析和评价。由于评价是建立在方案实施之后，因此评价较容易进行，结论也比较准确。通过事后评价，可以总结实施过程的经验和教训，为不断完善医疗保险制度提供主要决策依据。

（4）跟踪评价

跟踪评价是指医疗保险制度正常运行以后，对其发展趋势、产生的长远影响或滞后效应做出的评价。医疗保险实施后的长远影响或滞后效应包括对居民期望寿命、生活质量的影响，对社会发展产生的外部效应等，这些影响或效应在短期内难以表现出来，必须进行长期、连续的跟踪评价，才能得出正确的结果。

2. 按医疗保险实施的程序分类

（1）结构评价

结构评价是指对医疗保险制度有关结构进行的评价。包括评价医疗保险项目结构，医疗保险费用结构，被保险人的年龄、性别、健康状况的结构，保险支付费用结构，保险组织结构，管理运作结构，及给付方式结构等。结构是医疗保险的稳定特征之一，对医疗保险制度的结构评价，有利于医疗保险政策和方案的调整，有利于加强监督和管理、提高医疗机构的效率、合理配置医疗资源。

（2）过程评价

过程评价是指对医疗保险实施过程进行的评价。包括评价医疗保险费用的支付程序是否简便，医疗保险的监督是否有效，被保险人就医行为，对医疗卫生服务的利用、就诊时间、患病住院时间等的影响，医疗服务提供方提供的服务是否合理（有无诱导需求及其严重程度）、服务质量和数量及医疗服务提供的适宜性评价等。

（3）结果评价

结果评价是指对医疗保险所产生的社会、经济和健康的影响做出的评价。医疗保险实施的结果分为长期影响的结果和短期影响的结果，如被保险人对医疗保险的认识是一种短期影响，而医疗保险促进卫生资源合理使用、提高人们的健康水平则是长期影响的结果。

3. 按评价的范围分类

（1）宏观评价

宏观评价是指从全局角度、整体利益出发，对医疗保险的社会、经济效益进行的评价。宏观评价主要为政府相关部门制定医疗保险政策提供依据，为决策服务。

（2）微观评价

微观评价是指从医疗保险的保险方、被保险方、医疗服务提供方出发，评价三方的关系及各方内部的组织结构、运行机制等。例如，对医疗保险机构、医疗服务机构的评价就属于微观评价。微观评价主要是为了找出医疗保险方案在实施中的效益及存在的问题。

4. 按评价的主体分类

（1）自我评价

自我评价是由医疗保险管理机构和运行机构对医疗保险的实施情况进行的评价。自我评价的形式主要包括季度小结、年度总结报告等。

（2）他人评价

他人评价是由医疗保险管理机构和运行机构之外的其他单位和个人对医疗保险制度进行的评价。医疗保险实施过程中涉及各方主体的利益，与很多社会组织及个人都发生复杂的联系，如有关政府部门、参保单位、参保个人或社会其他成员对医疗保险制度的看法、意见或态度等均属他人评价。

5. 按评价的形式分类

（1）正式评价

正式评价是指事先制订完整的医疗保险评价方案，有专门的机构与人员按严格的程序和规范所进行的政策评价。这些评价机构与人员具有专业的知识与素养，评价的资料详尽真实，评价的方法手段先进，因而评价的结果比较客观、可信。

（2）非正式评价

非正式评价是指对评价者、评价程序、评价方法、评价资料都未做严格要求所进行的局部的、分散的医疗保险政策评价。其结论不一定非常可靠、完整，但形式灵活，实施简单易行，可以作为医疗保险正式评价实施前的预评价。

（四）医疗保险评价的基本内容

医疗保险评价的内容涉及面较广，从不同的角度可以有不同的评价内容。评价的内容包括对医疗保险三方的评价，即医疗保险方、被保险方和医疗服务供方的评价，对医疗保险政策的评价及医疗保险社会效益和经济效益的评价等。无论哪方面的评价，都涉及公平和效率、效果和效益的评价，除了评价医疗保险方案运行的各环节之外，还须评价医疗保险方案实施所带来的其他影响，如人们就医行为的改变、人群健康状况的改善、生命质量和期望寿命的提高、卫生总费用的变化等方面。

1. 医疗保险的目标

（1）该医疗保险的性质是什么？是基本医疗保险、补充医疗保险，还是社会医疗保险、商业医疗保险？

（2）该医疗保险要达到什么目的？

（3）该医疗保险方案是否符合实施区域内的社会经济政策和卫生发展目标？需要哪些配套政策？是否涉及卫生服务管理体制的变革？

2. 医疗保险方案的有效性

（1）医疗保险方案是否有效，可能产生的结果如何？

（2）医疗保险方案的可行性如何，方案的可操作性如何？

（3）医疗保险方案的技术是否成熟，技术上是否有保证，机构的运行成本是否合理？

（4）该医疗保险运行机制、管理制度和监管机制如何？

3. 医疗保险对被保险人的影响

（1）被保险人是否愿意参加该医疗保险，不愿参加的原因是什么？

（2）被保险人对医疗服务的利用如何？

（3）被保险人是否减轻了疾病经济负担，公平性和保障水平如何？

（4）被保险人对医疗保险是否满意？

4. 医疗保险对医疗服务供方的作用

（1）医疗服务供方体系对医疗保险的适应性如何？

（2）医疗服务机构是否按合同和医疗保险有关的制度提供医疗服务，医院和医生的供给行为如何？

（3）医疗服务的质量、数量、费用、方便程度如何？

（4）参保人对医疗服务的满意度如何？

5. 医疗保险对社会的影响

（1）参保人的健康水平和生命质量是否提高？

（2）在医疗保障体系中的地位和作用及其对社会保障体系的影响。

（3）该医疗保险对国民经济和卫生事业的发展有何影响？

6. 医疗保险政策与法规

（1）国家和地方的医疗保险政策与法规是否有利于该医疗保险的实施？

（2）医疗保险政策与法规是否要调整？是否涉及相关政策的修订？

（五）医疗保险评价的基本程序

1. 评价的计划

（1）收集资料

收集被评价主体，通常包括医疗保险管理和经营机构、参保单位和参保个人、定点医疗机构及定点药店的基本数据资料，为评价提供依据。

（2）确定目标

确定医疗保险评价要达到的目标。政府实施的社会基本医疗保险通过对人们疾病的费用进行补偿，满足人们的基本医疗服务需求，最终实现人群健康状况的改善，降低卫生费用的不合理快速增长等。

（3）拟订方案

设计医疗保险评价的方案，包括实施评价的方法、评价指标及评价内容等。

（4）组织管理

医疗保险评价的组织管理涉及评价的组织构成、人员组成、管理方式、工作方式、经费来源和使用及与其他有关部门的沟通等管理工作。

2. 进行预评价

为了防止由于评价计划设计的不合理导致评价目标无法实现，可以先进行预评价。进行预评价可以检查所选择的评价方法、评价指标是否合适，确认评价在经济、技术上是否可行，时间程序的安排是否合理，证实医疗保险三方是否认识到各自的责任。在预评价中，需要解决以下问题。

（1）评价的方法是否科学、适宜、合理？

（2）评价的指标是否全面、准确、合理及是否需要调整和如何调整？

（3）现场调查员是否经过充分的培训？

（4）评价的组织机构是否能够有效地运转？

（5）被评价者对评价是否愿意配合及配合的程度？

（6）评价资料是否能够按照设计的要求进行分析？

3. 实施评价

通过预评价发现存在的问题并对方案进行修改之后，就可以正式实施评价了。评价过程中质量控制工作非常重要，否则难以保证数据资料的真实可靠。所有参加评价工作的人员对调查内容、评价方法、评价指标必须有统一的认识和准确理解。

4. 资料的整理与分析

对于实施评价后所获得的资料应该按照医疗保险计划所确定的步骤和方法进行整理与分析，同时，应注意以下几个问题。

（1）尽可能使用简单的方法来核查数据资料。

（2）寻找重要的差异或变化。

（3）在数据资料中寻求一致的东西。

（4）正确判断统计的显著性，理性思考实际情况与统计结果，结果的一致性和真实性同样重要。

（5）要认真考虑外部因素的变化对评价结果的影响。

5. 评价结果

评价结果以报告的形式给出，评价报告中应该包括评价过程、评价的主要发现和结论、对结论的解释、现行方案存在的问题及针对问题提出的改进对策与建议。

二、医疗保险评价的方法

（一）比较分析法

比较分析法是指将现行医疗保险方案与医疗保险的评价指标进行对比，以揭示一定时期医疗保险的运行状况。比较分析通常包括以下三个方面。

1. 完成情况的对比

将医疗保险实施后的实际指标与计划达到的预期指标进行对比，分析医疗保险的完成情况，是否实现预期目标和结果。

2. 纵向对比

将现行医疗保险实施后的实际指标与上一时期的指标进行对比，以分析、了解现行医疗保险的变化情况。

3. 横向比较

将本地区某类指标测量的结果与其他地区、国外地区的同期同类指标的测量结果进行对比，以便在更大范围内寻找差距，改进和完善医疗保险方案。

（二）专家评价法

专家评价法是根据专家的学识和丰富经验，以专家的主观判断为基础，并通常以分数、指数、序数等作为评价的标值来进行分类和汇总的评价。它包括专家预测法、头脑风暴法、德尔菲法（Delphi method）、主观概率法及同行评议法等。其中，德尔菲法是最典型的专家评价法。

德尔菲法是美国兰德（RAND）公司于20世纪40年代中期首创的用于技术预测的，是专家会议的一种发展。它通过信函以匿名方式将所需预测的问题向专家征询的意见，每一轮信函调查的结果均反馈给专家，依据系统的程序，采用匿名发表意见的方式，即专家之间不得互相讨论，不发生横向联系，只能与调查人员发生关系。通过多轮次调查专家对问卷所提问题的看法，反复征询、归纳、修改，最后汇总成专家基本一致的看法，作为预测的结果。这种方法具有广泛的代表性，较为可靠。实施德尔菲法进行评价的具体步骤如下。

1. 确定调查题目、拟定调查表

在此阶段主要是确定需要预测的课题，并据此设计调查表，准备可供专家进行判断的背景资料调查表设计的合理性，关系到研究结果的准确度。因此在设计表格时应尽量做到设计精简、问题集中、表述清晰、用词准确，避免因表格设计不合理而影响专家做出正确评断。

2. 选择专家

选择与预测课题有关的，在年龄、地区、专业知识、工作经验、分析能力及学术观点上具有代表性的专家参与评价工作。参加评价工作的专家数量可适当多些，须依据评价内容的特点而定具体的专家人数，一般 10~50 人为宜。

3. 提出预测和决策

将调查表和背景资料寄给选定的专家，向专家提出所要预测的问题及要求，并附背景资料，同时请专家提出是否需要补充资料。

4. 修改决策

组织者将第一轮的意见和判断进行整理归纳，分析出不同的预测意见，列成图表，再反馈给各位专家，请专家依此修改和完善自己的意见，或请其他专家加以评论。如此反复几轮信函调查，直至各位专家取得基本一致的预测结果。

5. 预测结果的处理

在信函调查过程的每一阶段，对收集到的专家意见都要利用科学的方法进行整理、辨误、归纳和分类，以便对下一轮的预测提供有用的参考资料，获取准确的最终预测结果。

（三）因素分析法

因素分析法是用来计算几个相互联系的因素对综合指标影响程度的一种分析方法。其基本思想包括两部分内容：第一，在相关理论和实际工作经验的指导下找出某一指标的主要影响因素；第二，具体计算各影响因素对评价指标的影响程度。

（四）经济分析法

以事先评定的综合经济指标来评价不同对象，把经济效益、社会效益作为测量评价的依据。它包括投入产出法、成本效益分析法和指标公式法。其中，投入产出法是衡量经济效益和社会效益的一种常用方法。

（五）多元分析方法

多元分析方法（Multivariate Analysis，也称多元变量统计分析），是使用多元统计和数量化理论从众多的评价指标中筛选出重要的、实际发生影响的指标，是分析评价医疗保险运行影响因素和寻找相应的改进对策的一个重要工具。此种方法对数据信息的损失小，能最大限度地利用数据，但不同的多元统计方法对数据的分布要求不同，且一般都要求数据多，因此在使用时的限制条件也较多。常用的方法包括因子分析法、聚类分析法和判别分析法。

（六）其他方法

1. 秩和比法

秩和比法（Rank-Sum Ratio，简称 RSR 法），是一种非参数统计评价方法，对数据的分布没有严格的要求，广泛地应用于综合评价、鉴别分类、因素关联分析中。它是用秩和分析的思想，对各项指标进行排序，计算综合得分来评价被评价对象的优劣等级。该方法以非参数方法为基础，融合了参数分析方法的优点，计算简便，分析结果清楚，适用性强，无特殊指标选择要求。

2. 模糊评价法

模糊评价法包括模糊综合评价、模糊聚类、模糊识别等。其中模糊综合评价法是应用模糊数学的理论，针对评价对象在定性和定量上的模糊性，应用模糊关系合成的原理，根据多个评价因素，对评判事物隶属等级状况进行综合评价的一种方法。它的优点是可以把难以定量甚至无法定量的指标，通过隶属度给予量化，能对受多种因素影响和难以明确定量的多指标进行评价，结果直观、明确、层次清楚。

3. 灰色关联度评价法

灰色关联度评价法是灰色理论的一个组成部分。灰色关联分析的目的就是对信息不完全和"少数据、不确定"的系统，做因子间的量化、序化，是一种从信息的非完备性出发，研究和处理复杂系统的理论。它通过分析参考序列和比较序列的曲线几何形状的接近程度来判断因子间的排列顺序。有研究者利用灰色关联模型对全国 8 个省（直辖市）的新型农村合作医疗推广绩效进行了评价，并找出指标体系中影响新型农村合作医疗推广绩效的主要因素包括地方财政缴纳基金总额、上报新型农村合作医疗推广工作信息次数、农民自己缴纳基金总额和新型农村合作医疗培训次数及新型农村合作医疗基金使用情况公开发布次数等，并有针对性地提出完善现有新型农村合作医疗制度的思路。

4. 基于平衡记分卡的医疗保险评价方法

平衡计分卡（Balanced Score Card，BSC），源于 20 世纪 90 年代美国诺兰诺顿研究所进行的一项研究。平衡计分卡作为一种战略绩效管理及评价工具，最初应用于企业管理，目前在政府、公共部门和非营利性组织中也得到了越来越广泛的应用，在医疗保险制度的绩效评价中也利用了平衡计分卡的管理理念开展了相关评价。平衡计分卡作为一种战略绩效管理及评价工具，主要从财务、客户、内部流程、学习与成长四个重要方面来衡量。由于平衡计分卡具有多维度绩效评价的优点，对于医疗保险评价这样一个涉及多个社会系统的综合评价的工作，有广阔的应用前景。有研究者运用平衡记分卡的理念与方法，采用德尔菲法和层次分析法建立指标体系并确定各指标权重，确定了包括医疗费用、医保患者、医保管理和学习与发展 4 个维度的指标体系用于医院医保管理的绩效评价。

5. 第三方评估

近年来，在医疗、教育等公共事业发展的评估中广泛引进了"第三方评估"，并逐渐发挥了重要作用。第三方评估源于 20 世纪 20 年代的西方国家，与政府绩效管理和政府绩效评价相关联"第三方"的"独立性""专业性"和"权威性"是评价结果公正的保证。目前，第三方评估主要有四种模式，分别是高校专家评估模式、专业公司评估模式、社会代表评估模式和民众参与评估模式。

三、医疗保险评价指标体系建立

医疗保险评价指标体系是衡量医疗保险运行方案优劣及相关方面变化的重要参数，是评价医疗保险工作的重要工具。对医疗保险评价指标进行测量，能够评价医疗保险取得的成绩、存在的问题与不足，调整和完善医疗保险方案。

（一）医疗保险评价指标体系建立的原则

1. 有效性

指标的有效性是指指标确实能够反映医疗保险的目标、内容、质量、效率、效果及发展变化等。为确保指标的有效性，在建立指标体系时需要进行详细的调查，使指标符合医疗保险的实际工作。

2. 客观性

指标的客观性是指指标必须有明确的内容和定义，其测量结果的获得能够避免主观影响，客观反映被测量对象的实际情况。定性指标易受到主观影响，应尽量少用或不用。

3. 灵敏性

指标的灵敏性是指指标对环境的变化反应要敏感。医疗保险方案易受社会政策、经济环境等的影响而变化，当外部环境发生变化时，指标也应随之变化。

4. 特异性

指标的特异性是指指标有专一性、针对性，对环境的变化能够做出真实、特有的反映。

5. 可操作性

指标的可操作性是指医疗保险评价指标体系应从实际工作中建立起来，充分使用现有的资料，指标体系的数据收集与分析在技术上是可操作的，所花费成本是可支付的。

(二) 医疗保险评价指标体系

1. 反映参保情况的指标

（1）参保总人数

该指标可以反映统筹地区（或全国）参加各类医疗保险的总人数，城镇职工基本医疗保险、城镇居民基本医疗保险和新型农村合作医疗等三类保险参加人数之和，即为参保的总人数。

（2）参保率

参保率是实际参保人数占应该参保人数的百分比。参保率指标有总参保率、各类保险的参保率（包括城镇职工参保率、城镇居民参保率及农村居民的参保率）。

（3）参保人群结构

该指标反映参保人群的职业、单位、年龄或不同收入水平的结构。

城镇职工基本医疗保险参保人群的构成测算需要衡量参保人员中在职人员、退休人员和其他人员的构成，包括"在职人员占参保总人数的比例""退休人员占参保总人数的比例"和"其他人员占参保总人数的比例"三项分指标。

参保人员单位构成是指不同性质单位的职工参加城镇职工基本医疗保险的构成，包括

"行政单位职工占参保总人数的比例""事业单位职工占参保总人数的比例""企业单位职工占参保总人数的比例""国有企业单位职工占参保总人数的比例""集体企业单位职工占参保总人数的比例""股份制企业单位职工占参保总人数的比例""个体企业职工占参保总人数的比例"及"三资企业单位职工占参保总人数的比例"等指标。

参保人群年龄构成是指各年龄段参保人员的构成情况，包括未成年人、青壮年、老年人等的参保情况。参保人群不同收入水平构成是指根据各地区经济发展和人民收入水平的不同来划分收入水平，测量不同收入的参保人群占参保总人数的比例。

2. 反映医疗保险基金征缴情况的指标

通过此类指标的测量可以评价医疗保险基金的征缴和筹集的情况，也是考核医疗保险经办机构基金征集任务完成情况的评价依据。

（1）应筹医疗保险基金

该指标反映统筹地区当年参保人员按规定应筹集的医疗保险资金，反映统筹地区基金筹集的规模。由于城镇居民基本医疗保险和新型农村合作医疗采取自愿的原则，所以应筹资金与该地区计划的覆盖率有关，该指标对城镇职工基本医疗保险基金的筹集程度评价实际意义更大，可根据经核定的各参保单位、参保人员的年度工资总额和筹资比例计算得出。

（2）实筹医疗保险基金

该指标反映统筹地区当年实际筹集到的医疗保险基金，包括"实筹当年医疗保险基金"和"清欠往年医疗保险基金"两部分。该指标通过医疗保险经办机构的计划财务部门提供。

（3）欠缴医疗保险基金

该指标反映参保单位欠缴医疗保险基金的情况，包括"欠缴当年医疗保险基金"和"欠缴往年医疗保险基金"两项内容。

欠缴当年医疗保险基金＝当年应筹医疗保险基金−当年实筹医疗保险基金

欠缴往年医疗保险基金＝欠缴往年医疗保险基金累计数−清欠往年医疗保险基金数

（4）筹资率

该指标反映统筹地区医疗保险基金的筹资水平，它计算的是当年实筹医疗保险基金占应筹医疗保险基金的比率，评价的是医疗保险基金筹资任务的完成情况，筹资率越高，说明筹资任务完成得越好。

3. 反映参保人员医疗费用的指标

通过此类指标、可以反映统筹地区参保人员医疗总费用及其增长速度；反映医疗费用的支付结构；反映医疗总费用的结构；反映各类参保人员的医疗费用分布；也可以反映各类参保人员的人均医疗费用和人均医疗保险基金支出。另外，该指标也可间接地反映医疗保险方案对参保人员保障水平的高低。

（1）参保人员医疗总费用及增长幅度

该指标反映参保人员医疗总费用及增长速度，评价医疗费用增长的合理性。"参保人员医疗总费用"可以进一步分为"个人账户支付""统筹基金支付""风险调节基金支付""单位支付""个人支付"五个分指标。

（2）门诊医疗费用及其占总费用的比例

该指标反映参保人员在门诊就诊发生的医疗费用和门诊医疗费用占医疗总费用的比例。

（3）住院医疗费用及其占总费用的比例

该指标反映参保人员住院所发生的住院医疗费用和住院医疗费用占医疗总费用的比例。

（4）参保人员人均医疗费用及增长幅度

该指标反映参保人员每人每年平均发生的医疗费用和增长幅度，用以分析评价同一统筹地区不同年度人均医疗费用水平和不同统筹地区同一年度人均医疗费用水平，是用来反映医疗费用水平的一项重要指标。"参保人员人均医疗费用"指标还可以进一步分为"在职人员人均医疗费用""退休人员人均医疗费用"和"其他人员人均医疗费用"三项分指标。

（5）参保人员人均门诊医疗费用及增长幅度

该指标反映参保人员每人每年平均在门诊发生的医疗费用和增长幅度，"人均门诊医疗费用"指标可进一步分为"在职人员""退休人员"和"其他人员"类分别统计。

（6）参保人员人均住院医疗费用及增长幅度

该指标反映参保人员每人每年平均发生的住院医疗费用和增长幅度，"人均住院医疗费用"指标可进一步分为"在职人员""退休人员"和"其他人员"三类分别统计。

（7）人均医疗保险基金支出

该指标反映参保人员每人每年平均支出的医疗保险基金数，该指标可进一步分为"在职人员""退休人员"和"其他人员"三类分别统计。其中医疗保险基金支出数由计划财务部门提供。

4. 反映参保人员知晓度的指标

参保人员知晓度是指参保人员对医疗保险缴费政策和报销政策的掌握程度，知晓度的高低往往会影响一项制度或措施的实施效果。该指标主要包括医疗保险缴费数额和缴费率的知晓度、医疗保险报销程序知晓度、医疗保险费用报销标准知晓度和医疗保险报销范围知晓度。

5. 反映参保人员满意度的指标

该类指标反映参保人群对医疗保险的效用和价值的判断，对所提供医疗服务质量的认可，以及定点医疗服务机构对医疗保险方案的认可、理解和支持的程度。

该指标通常包括参保人员赞成医疗保险的比例、参保人员不赞成医疗保险的比例、参保人员对医疗保险持中立态度的比例、参保人员退保的比例；定点医疗服务机构赞成医疗保险的比例、定点医疗服务机构不赞成医疗保险的比例、定点医疗服务机构遵守医疗保险规定的比例等分项指标。

6. 反映参保人员健康状况的指标

实施社会医疗保险的目的就是通过提高人们对基本医疗卫生服务的利用水平促进人群健康状况的提高。通过此类指标，可以反映统筹地区医疗保险的效果的高低和社会效益的大小。这些指标包括：参保人员两周患病率、参保人员两周患病就诊率、参保人员人均门急诊就诊次数、参保人员人均住院次数等。

四、医疗保险制度评价

（一）医疗保险政策方案评价

1. 科学性评价

医疗保险政策方案的科学性是指所制订的政策方案有科学依据，是建立在科学基础上的。

（1）目标与措施是否明确

医疗保险政策方案是为一定时期对医疗费用按某种特定方式进行经济补偿，促进人群健康的目的服务的，因此医疗保险政策方案的目标和实现目标的措施，一定要明确医疗保险的政策方案作为指导医疗保险的规范和行动指南，目标与措施的规定必须清晰，否则政策的执行者可能会误解或曲解其目标，造成政策方案执行错误，也会因为政策方案存在漏洞，使政策的某些目标群体钻空子。

（2）医疗保险政策方案是否具有稳定性

政策方案的稳定是有效执行的重要前提条件，如果政策方案朝令夕改，就会造成普遍的短期行为和投机心理，政策方案对象、执行主体失去对制订者与政策方案本身的信任。应该注意保持医疗保险政策方案的稳定性，并在短期内不做重大调整，可以通过明确医疗保险政策执行的时间范围来保持其稳定性。

（3）医疗保险政策方案的目标和手段是否做到统筹兼顾

选择与确定某项医疗保险政策方案时必须考虑到该项政策诸手段的配合与统一。在医疗保险政策方案的选择上，应该包括经济手段和行政手段。加快建立和完善以基本医疗保障为主体，其他多种形式补充医疗保险和商业健康保险为补充，覆盖城乡居民的多层次医疗保障体系。为了实现这个目标就需要统筹运用政府行政干预的手段加强基本医疗保险体系及城乡医疗救助体系的建立和完善，通过市场手段鼓励企业及个人通过商业医疗保险和其他补充医疗保险解决基本医疗保障之外的需求。

（4）医疗保险政策方案是否协调

所谓协调是指医疗保险政策方案内部各要素之间的协调及与其他政策方案的协调，如果政策方案之间相互抵触、矛盾，整个政策方案系统就可能崩溃和瓦解。医疗险政策方案调节了参保人、保险机构、医疗服务机构三方的利益，这三方作为互相联系但是利益又相互独立的主体，如果在医疗保险政策方案制订方面的协调机制不健全，就不可避免会形成相互矛盾、冲突的情况，同时医疗保险政策方案又和其他方面的政策存在密切的关系，也必须协调好与其他政策的关系，例如，医疗保险政策方案与我国基本药物制度改革方案、基层医疗卫生服务体系建设的政策方案等有关政策方案之间是否协调，如果相互间的目标与手段存在冲突，医疗保险政策方案将无法实施。

2. 可行性评价

（1）医疗保险政策方案是否合理、可行

医疗保险政策方案的可行性是评价政策方案的执行是否具有现实的可能性，亦即是否具有能够切实解决这一政策问题的条件。任何一项医疗保险政策方案都是要付诸实施的，而要实施就必须具备实施的现实条件，否则，制订的政策方案只是基于某种设想而没有考虑现实，因为脱离实际，严重超前，缺乏实施的条件而导致完全失败。判断医疗保险政策方案是否可行主要是看手段或工具是否合理、可行。

（2）医疗保险政策方案是否公平

所谓公平，主要体现在收入与付出相符合，贡献与报酬相一致，权利与义务相对称，人人都有平等的生存、发展的权利和机会。医疗保险政策方案的公平是指人人都有平等的权利和机会获得与针对其卫生服务需要的医疗费用的经济补偿。如果一项医疗保险政策方案能使目标群体感到公平合理，它就容易被接受；反之，让目标群体接受这项政策方案就比较难。尽管可以通过公共权力来强制执行，但人们还会以各种方式进行抵制，我国正在开展的新型农村合作医疗强调农民的自愿参加，该政策就更要重视公平性问题，否则将会导致因为公平性问题而无法持续开展。

（3）医疗保险政策方案是否考虑到各方的承受能力

制订医疗保险政策方案如果超过各方的经济和心理承受能力将会影响医疗保险基金的筹集数量及医疗保险资源的使用效率。例如，社会医疗保险筹资的主要渠道包括国家、集体和个人三个方面，在筹集资金时，政策方案的选择必须充分考虑社会各方面的承受能力，否则，即使是从长远来看，确实有利的医疗保险政策方案一旦超越了各方的承受能力，非但不能取得好的效果，甚至会导致医疗保险无法实施。

（4）医疗保险政策方案是否考虑到实施成本

医疗保险政策方案的制订要考虑实施的成本。进行可行性评价时，要充分分析和考虑医疗保险政策方案可能导致的经济成本与经济收益，这样才能保证其在经济上是可行的，并能及时对政策方案进行必要的调整。

3. 合理性评价

医疗保险政策方案是否合理，主要看其是否符合客观规律的要求，同时要从客观的政策环境出发，符合一定的国情。

（1）医疗保险政策方案的制订是否符合医疗保险发展客观规律的要求

科学、合理的医疗保险政策方案的出发点必须符合其发展客观规律。具体评价时，要考虑政策的制定是否围绕医疗保险的基本属性和基本特征，是否遵循了社会化原则、强制性原则、全员参保的原则、保障性原则、费用分担原则及公平和效率原则等。

（2）医疗保险政策方案对形势的判断和时机的把握是否准确

医疗保险政策方案是在一定的社会经济环境下，一定的政策背景和政策基础上发挥作用的。离开了这样的背景或基础，医疗保险政策方案本身的存在价值及其功能的发挥，就会成为空中楼阁。因此，新的医疗保险政策方案的出台、原有政策方案改善或终止的时机是否合适，就决定其是否进行了认真的形势分析和利弊得失判断。例如，20世纪90年代随着我国企业体制改革的不断深入，原有的国有和集体企业出现了大量的关、停、并、转，依附于企业的医疗逐渐失去了其筹资的经济基础，因此开始了社会统筹的社会医疗保险改革，并于20世纪末期开始在全国推开，原有劳保医疗制度逐渐废止。

（二）医疗保险政策执行过程评价

医疗保险政策执行过程是将目标转化为现实的唯一途径。医疗保险政策执行过程评价的就是评价执行过程是否与规定的目标保持一致，是否有助于实现既定的目标。医疗保险效果受到许多因素的影响，其中政策方案执行的情况就是一个重要的因素。

1. 医疗保险政策是否存在执行偏差

在执行过程中，可能会存在医疗保险政策执行的目标与政策预定目标不一致，执行结果与政策内容不相符的现象，即执行过程存在着偏差。医疗保险政策执行偏差的具体表现形式多种多样，可以概括为以下四种：一是政策被架空，即存在着"上有政策，下有对策"的情况；二是政策附加，即各自为政，自行制定"土政策"；三是政策敷衍，即医疗保险政策在执行过中只做表面文章，没有转化为可操作性的具体措施，在组织、人员、资金上都没有到位的执行活动；四是政策缺损，政策执行者在执行某项政策时，从本位主义和地区利益出发，没有全部执行，而是有所保留，医疗保险政策是以一个整体来发挥作用的，对政策内容进行有选择的执行，就会影响其目标的实现和效能的发挥。

2. 医疗保险政策资源投入是否符合方案的要求

医疗保险政策执行必须依托必要的资源。医疗保险政策执行过程中资源投入的力度体现着政策贯彻执行的程度，到底是全面执行该政策，还是部分执行或者是根本就不执行，取决于医疗保险政策本身对其各部分利益主体的利益激励程度和有关主体的配合程度。医疗保险政策资源的投入包括以下三个方面。

（1）医疗保险政策执行人员的投入

医疗保险政策执行的人力投入度包括执行人员的数量和质量。执行医疗保险政策的人员包括医疗保险经办机构的工作人员、医疗机构从事医疗保险管理的人员及其他组织机构包括其他企事业机构参与医疗保险政策执行的人员。为了保证政策的执行，除了保证一定的数量外，相关人员还必须具有较高的业务素质。

（2）医疗保险政策财力的投入

财力投入直接影响到医疗保险政策的执行过程和效果，财力投入应该评价其投入和产出的结果，在执行各个过程进行要素的最佳组合，力求达到最优效果，避免财力的浪费。为了提高政府在医疗保险政策财力投入的效率，财政预算的投入应以农村和贫困地区为重点。

（3）管理资源的投入

医疗保险政策的执行过程是一个系统工程，需要科学的管理为载体。只有人力、财力而没有严格而科学的管理，政策执行也很难达到政策目标的要求。在医疗保险政策执行过程中建立和实施严格的管理制度可以提高其效率和效果。

3. 医疗保险政策的执行是否具有灵活性

执行医疗保险政策并不是简单的照章办事。政策一般具有全局性的特点，医疗保险政策在制定时也是从整体出发的，然而不同的地区、不同的时区有不同的情况，执行医保政策就不能生搬硬套，只求"原则"而忘了"灵活"。

（三）医疗保险制度评价的作用

1. 发展作用

医疗保险的制度评价包括医疗保险的政策方案评价、医疗保险政策执行过程评价、医疗保险效果评价和医疗保险效率与效益评价四个方面。通过对政策方案和执行过程评价可以了解当前医疗保险制度是否合理。通过医疗保险的效果评价可以了解是否降低了公众就医的费用负担、促进医疗服务的利用。通过效率效益评价，可以了解参保人员的满意度和医疗服务质量，以及医疗费用的偿付是否合理。准确掌握医疗保险改革的进展、成效和困难，不断发展和完善医疗保险制度。

2. 控制作用

医疗保险的运行是一个动态的过程。按照既定的目标、原则和方法对医疗保险实施过程中的情况进行科学的评价，及时发现医疗保险制度实施过程中的偏差，并采取有针对性的措施，降低负面影响，发挥控制作用。

3. 反馈作用

通过对医疗保险制度的全方位综合评价，反映医疗保险的总体运行情况、效果及问题，将医疗保险实施过程中的不利影响和潜在风险及时反馈给医疗保险政策的制定者、执行者和监管者以及相应部门，使其总结经验，修正偏离，及时对政策进行调整和改善。

参考文献

[1] 鲍震宇. 基本医疗保险最优支付水平研究［M］. 北京：中国经济出版社，2018.

[2] 柏雪. 卫生正义的思考：推进我国全民基本医疗保险制度改革研究［M］. 苏州：苏州大学出版社，2018.

[3] 陈滔，叶小兰，方辉军. 社会医疗保险［M］. 成都：西南财经大学出版社，2018.

[4] 王志刚. 医疗+保险：如何构建跨界融合生态圈［M］. 北京：机械工业出版社，2018.

[5] 张勃. 我国社会医疗保险制度对居民医疗服务影响的研究［M］. 北京：中国农业出版社，2018.

[6] 蒋远胜，刘丹. 新型农村合作医疗保险的需求理论、管理制度与公共政策［M］. 北京：中国农业出版社，2018.

[7] 杨燕绥，廖藏宜. 健康保险与医疗体制改革［M］. 北京：中国财政经济出版社，2018.

[8] 徐爱荣，凌云. 保险理财学［M］. 上海：立信会计出版社，2018.

[9] 蒋虹. 人身保险：第2版［M］. 北京：对外经济贸易大学出版社，2018.

[10] 刘钧. 社会保险基础［M］. 北京：国家开放大学出版社，2018.

[11] 李华业. 医疗保险筹资制度研究［M］. 济南：山东科学技术出版社，2019.

[12] 李军. 现代医院医疗保险管理指南［M］. 天津：天津科技翻译出版公司，2019.

[13] 张羽. 信息不对称视角下中国社会医疗保险控费机制研究［M］. 北京：经济日报出版社，2019.

[14] 徐慧丹，宋坤，钟莹. 新时代农村医疗保险、医疗服务与老年人健康研究［M］. 成都：西南财经大学出版社，2019.

[15] 温兴生. 中国医疗保险学［M］. 北京：经济科学出版社，2019.

[16] 高秋明. 社会医疗保险改革问题研究［M］. 北京：中国经济出版社，2019.

[17] 李亚青. 中国基本医疗保险财政补贴机制研究［M］. 北京：中国财政经济出版社，2019.

[18] 方鹏骞. 中国全民医疗保险体系构建和制度安排研究［M］. 北京：人民出版社，2019.

[19] 张广科，袁莉. 农村医疗保险制度健康扶贫效应研究［M］. 北京：中国社会科学出版社，2019.

[20] 仇雨临. 大病保险创新发展的模式与路径研究［M］. 北京：中国经济出版社，2020.

[21] 白丽萍. 医疗保险学［M］. 广州：暨南大学出版社，2020.

[22] 陈迎春，孙菊. 从医疗保险迈向健康保险［M］. 武汉：华中科技大学出版社，2020.

[23] 蓝英. 基本医疗保险基础理论与实践研究［M］. 成都：西南交通大学出版社，2020.07.

[24] 廖藏宜. 医疗保险对公立医院的激励约束效果及机制研究［M］. 北京：中国财政经济出版社，2020.

[25] 孟伟. 医疗保险支付制度在公立医院治理中的作用［M］. 北京：中国劳动社会保障出版社，2021.

[26] 贺小林. 健康中国的城镇居民医疗保险制度变迁与政策分析［M］. 上海：复旦大学出版社，2021.

[27] 杨春治. 医疗责任保险法律制度研究［M］. 北京：中国政法大学出版社，2021.

[28] 陈曼莉. 社会医疗保险门诊统筹制度研究［M］. 北京：经济日报出版社，2021.

[29] 马桂峰. 中国社会医疗保险制度的福利分配效应研究［M］. 成都：西南财经大学出版社，2021.